汽车车载网络
系统检修

主　编　楚晓婧　李振兴
副主编　张　凯　于家宏　杨正荣
参　编　李文涛　杨　晨　刘雪梅　徐鹏跃
　　　　官海兵　李丕毅　文爱民　王　毅
　　　　黄艳玲　陈　清
主　审　王　菲

机械工业出版社

本书依托《职业教育专业教学标准》，以关键岗位的典型学习任务为载体，将职业技能等级标准要求、职业道德等融入其中，并在技术、技能学习训练中融入职业素养、职业道德、劳动精神及工匠精神的新型活页式教材。本书包括5个学习任务，计12个职业技能点，内容涉及车载网络系统常用工具的使用、LIN总线系统的检修、CAN总线系统的检修、FlexRay总线系统的检修、MOST总线系统的检修以及当今汽车典型车载网络系统与新技术、新总线，涵盖了汽车车载网络系统检修的主流技术和方法，同时本书配套了对应的教学课件、结构原理动画、标准操作视频等教学资源，并以二维码的形式插入书中。

本书可作为职业院校汽车类相关专业（专业群）的教学用书，也可供汽车检测与维修技术人员参考和学习。

为方便教学，本书配有电子课件、答案等资源。凡选用本书作为授课教材的教师均可登录www.cmpedu.com，以教师身份注册后下载，或来电咨询，咨询电话：010-88379201。

图书在版编目（CIP）数据

汽车车载网络系统检修 / 楚晓婧，李振兴主编. —北京：机械工业出版社，2023.1（2025.1重印）

ISBN 978-7-111-72434-6

Ⅰ.①汽… Ⅱ.①楚…②李… Ⅲ.①汽车—计算机网络—维修—职业教育—教材 Ⅳ.①U472.41

中国国家版本馆CIP数据核字（2023）第010779号

机械工业出版社（北京市百万庄大街22号　邮政编码100037）
策划编辑：师　哲　　　　　　责任编辑：师　哲　谢熠萌
责任校对：陈　越　李　杉　　封面设计：张　静
责任印制：常天培
固安县铭成印刷有限公司印刷
2025年1月第1版第4次印刷
210mm×285mm・10印张・233千字
标准书号：ISBN 978-7-111-72434-6
定价：44.00元

电话服务　　　　　　　　网络服务
客服电话：010-88361066　机　工　官　网：www.cmpbook.com
　　　　　010-88379833　机　工　官　博：weibo.com/cmp1952
　　　　　010-68326294　金　书　网：www.golden-book.com
封底无防伪标均为盗版　机工教育服务网：www.cmpedu.com

前 言 PREFACE

为推动职业教育专业升级和数字化改造，提高人才培养质量，增强高等职业教育的适应性，编者按照新时代职业教育教材建设的总体要求，参照汽车检测与维修技术等专业国家教学标准以及汽车运用与维修（含智能新能源汽车）职业技能等级证书标准和技能大赛要求等，编写了汽车类专业"岗课赛证"综合育人系列教材，供全国职业院校汽车类相关专业（专业群）教学使用。

本书以专业人才培养目标为依据，以所在专业能力结构为主线，将习近平新时代中国特色社会主义思想和党的二十大精神落实到位，发挥铸魂育人作用。同时本书紧抓数字化机遇，将二维码等数字技术融入教材，助力学生学习成长，进一步丰富、优化、更新教材数字化资源，推进教育数字化。

本书具有以下特点：

第一，本书按照"以学生为中心、以学习成果为导向、促进自主学习"的思路进行开发设计，弱化"教学材料"的特征，强化"学习资料"的功能。以"企业岗位（群）任职要求、职业技能等级证书标准要求"等作为教材主体内容，将"立德树人、劳模精神、劳动精神、工匠精神"有机融入教材中，提供丰富、适用和引领创新作用的多种类型立体化、信息化课程资源，实现教材的多功能作用并构建深度学习的管理体系。

第二，与传统教材相比，本书是一种全新的学习材料，以校企双元模式编写，它能帮助学生更好地了解现在、未来的工作及其要求。通过本书的学习，可以让学生掌握在从事汽车全车网关控制与娱乐系统工作领域中重要的、典型工作时所需的技术技能，增强学生职业素养与社会责任感，促进学生的综合能力发展，使学生有可能在短时间内成为合格的技术能手。

第三，在内容方面，本书将汽车车载网络系统等知识技能的传授与综合素养的提升有机融为一体，注重实践技能与劳动精神相结合、职业素养与工匠精神相结合、基础知识与先进技术相结合，为读者构筑持续发展的知识与技能平台。

本书由楚晓婧和李振兴任主编，张凯、于家宏和杨正荣任副主编，李文涛、杨晨、刘雪梅、徐鹏跃、官海兵、李丕毅、文爱民、王毅、黄艳玲和陈清参编。本书由王菲主审。

具体编写分工如下：楚晓婧编写学习任务 3 和学习任务 5，张凯编写学习任务 1，于家宏编写学习任务 2 和学习任务 4，李振兴负责素材的搜集与整理，配套动画、视频资源由楚晓婧、李振兴、张凯完成。全书内容、形式等方面的改进与优化、职业技能点的提炼与完善、"立德树人"融入点的设计与完善等由江西交通职业技术学院、上海交通职业技术学院、南京交通职业技术学院、贵州交通职业技术学院、辽宁省交通高等专科学校、四川交通职业技术学院的专家共同完成。

本书在编写过程中，参考了大量国内外相关著作和文献资料，对其作者致以谢意。由于编者水平有限，书中不妥之处在所难免，敬请广大读者批评指正。

编者

二维码索引

序号	名称	二维码	页码	序号	名称	二维码	页码
1	车载网络系统检修工作常用工具的使用任务案例		1	12	LIN总线在汽车上的应用		31
2	计算机网络的跨度类型及特点		2	13	LIN总线系统的组成与功能		32
3	计算机网络的拓扑结构及应用		3	14	LIN总线的信息结构		33
4	计算机网络中不同介质的结构特点		4	15	LIN总线的网络及通信结构		34
5	数据信号类型及特点		9	16	LIN总线的数据传输原理		35
6	数据传输方式		10	17	LIN总线抗干扰原理		39
7	车载网络SAE标准分类及应用		13	18	LIN总线信号波形实际操作		41
8	万用表的使用		18	19	LIN总线故障检修实际操作		45
9	诊断仪的使用		20	20	CAN总线系统检修工作任务案例		54
10	示波器的使用		22	21	CAN总线系统的组成及功能		58
11	LIN总线系统检修工作任务案例		29	22	CAN总线电控单元结构		58

（续）

序号	名称	二维码	页码	序号	名称	二维码	页码
23	CAN 总线收发器抗干扰原理		59	34	低速 CAN 总线的信号波形实际操作		82
24	CAN 总线双绞线抗干扰原理		59	35	CAN 总线故障检修实际操作		88
25	CAN 总线的数据结构		63	36	Flex Ray 总线系统检修工作任务案例		104
26	CAN 总线的数据传输过程		64	37	Flex Ray 总线节点结构		107
27	高速 CAN 总线收发器结构及工作原理		68	38	Flex Ray 总线拓扑结构		108
28	高速 CAN 总线波形特点		69	39	Flex Ray 总线数据帧结构		109
29	低速 CAN 总线收发器结构及工作原理		71	40	Flex Ray 总线的组成与数据传输过程		110
30	低速 CAN 总线波形特点		71	41	Flex Ray 总线波形特点		114
31	网关的工作原理		73	42	Flex Ray 总线故障检修实际操作		117
32	诊断接口的位置及针脚含义		75	43	MOST 总线系统检修工作任务案例		125
33	高速 CAN 总线常见故障类型及故障波形分析		77	44	信号的光学传输特点		127

（续）

序号	名称	二维码	页码	序号	名称	二维码	页码
45	光学传输控制单元结构组成		128	50	MOST总线的组成与传输原理		136
46	光电-电光转换器的结构及工作原理		129	51	光导纤维的维修实际操作		143
47	光导纤维结构及光波在其中的传输过程		129	52	Byteflight总线拓扑结构		149
48	MOST总线拓扑结构		133	53	Byteflight总线数据结构		149
49	MOST总线数据结构		135	54	Byteflight总线组成与工作过程		149

目 录 CONTENTS

前言

二维码索引

学习任务 1　车载网络系统常用工具的使用 ……………………………………………………1

学习任务 2　LIN 总线系统的检修 ……………………………………………………………29

学习任务 3　CAN 总线系统的检修 ……………………………………………………………54

学习任务 4　Flex Ray 总线系统的检修 ………………………………………………………104

学习任务 5　MOST 总线系统的检修 …………………………………………………………125

参考文献 ……………………………………………………………………………………………151

学习任务 1
车载网络系统常用工具的使用

一、任务说明

任务描述	某 4S 店接到一辆大众迈腾 B8 轿车车主的维修委托,车主反映车辆无法起动,打开点火开关后,仪表板显示屏显示变速器通信故障,维修技师初步判断是车载网络系统出现故障,让学徒帮忙准备工具。在执行车载网络系统检修工作时,会用到哪些常用工具?这些常用工具怎样使用呢?	
任务所属模块课程	• 动力与底盘网关控制系统检修 • 车身与娱乐网关控制系统检修	(√) (√)
任务对应工作领域	• 汽车全车网关控制与娱乐系统工作领域	(√)
任务育人目标描述		
1. 增强学生团队及合作意识,强调养成良好学习习惯的重要性。 2. 培养严肃认真、精益求精的工作习惯。		
职业技能(能力)要求描述		
行为	能正确使用万用表、示波器和汽车故障诊断仪(以后简称为诊断仪)。	
条件	车辆/设备:大众迈腾 B8 轿车。 工具及场地要求:维修工位 4 个、配套维修手册 4 本、工具箱 4 个(内包含 Fluke88 万用表、金德 KT600 综合智能诊断仪)、零件车 4 个、工作灯 4 个、手套若干副、无纺布若干块、维修工作台 4 个。	
标准与要求	• 树立分析问题、解决问题的信心;增强规范操作的意识。 • 了解计算机网络的类型;理解计算机网络体系结构、计算机网络中的基本概念、数据信号的类型及特点;掌握通信协议的相关内容,车载网络的分类及万用表、诊断仪、示波器的使用方法。 • 能够正确使用万用表、诊断仪、示波器等车载网络系统常用工具。 • 能按照维修手册的规范正确进行车载网络系统故障的检修。	
成果	正确使用常用工具,完成车载网络系统故障的检修。	

扫一扫

车载网络系统检修工作常用工具的使用任务案例

二、任务学习与实施

(一)任务引导与学习

> **引导问题 1**:计算机网络按跨度分类,可以将计算机网络分为_____、

_____和_____三种类型；按拓扑结构分类，常见的拓扑结构有_____、_____、_____和_____四种类型。

> **引导问题 2**：_____是数据链路层的协议数据节点，也是独立的网络信息传输节点，是网络传输的最小单位。_____是网络中信息交换与传输的数据单元，即站点一次性要发送的数据块。

> **引导问题 3**：两个实体要想成功地通信，在通信内容、怎样通信以及何时通信等方面，要遵从相互可以接受的一组约定和规则，这些约定和规则的集合称为_____。

> **引导问题 4**：单位时间传输的信息量表征网络传输的速度，一般用单位时间传输的二进制位数表示。单位时间传输的二进制位数称为_____。

> **引导问题 5**：_____所传输的数据帧格式由 1 个起始位、1~9 个数据位、1~2 个停止位组成；_____所传输的数据帧格式是由多个字节组成的一个帧，每个帧都有两个（或一个）同步字符作为起始位。

> **引导问题 6**：_____是一个网络连接到另一个网络的"关口"，是连接不同网络实现不同网络协议转换的设备。

> **引导问题 7**：在计算机网络中实现通信必须依靠网络通信协议，目前广泛采用的是国际标准化组织（ISO）1997 年提出的 OSI 参考模型，OSI 的体系结构具有 7 个层次，分别是_____、_____、_____、_____、_____、_____和_____。

> **引导问题 8**：汽车内有各种不同的网络，不同网络之间通过网关互相通信交换信息，从而使汽车能够正常行驶，体现了网络间的（　　）关系。

A．协作　　　　　　B．协同　　　　　　C．团队　　　　　　D．配合

知识链接

1. 计算机网络的类型

（1）**按跨度分类** 根据网络范围或网络上终端之间的距离跨度不同，可以将计算机网络分为局域网、城域网和广域网三种类型。

1）局域网（Local Area Network，LAN）是在一个有限区域内连接的计算机网络，它所覆盖的地区范围较小。局域网是最常见、应用最广的一种网络，一般是在一个特定的局部单位内使用。局域网在计算机数量配置上没有太多的限制。在网络所涉及的地理距离上，一般可以是几米或 10km 以内，传输速率在 102~105kbit/s 范围。局域网一般位于一个建筑物或一个单位内，不存在寻径问题。这种网络的特点是：连接范围窄、用户数少、配置容易、连接速率高。局域网常见的有以太网（Ethernet）、令牌环网（Token Ring）、光纤分布式数据接口网络（FDDI）、异步传输模式网（ATM）以及最新的无线局域网（WLAN）。汽车上的网络是多个局域网的互联结构。

2）城域网（Metropolitan Area Network，MAN）属于宽带局域网，一般是指在一个城市，但不在同一地理小区范围内的计算机互联。这种网络的连接距离可以在 10~100km。MAN 与 LAN 相比扩展的距离更长，连接的计算机数量更多，在地理范围上可以说是 LAN 的延伸。在一个大型城市或都市地区，一个 MAN 通常连接着多个 LAN，如连接政

扫一扫

计算机网络的跨度类型及特点

府机构的 LAN、医院的 LAN、电信的 LAN、公司企业的 LAN 等。

3）广域网（Wide Area Network，WAN）也称为远程网，它所覆盖的地理距离为几十千米到几千千米，可以覆盖一个国家、一个地区或横跨几个洲，形成国际性的计算机网络。因为距离较远，信息衰减比较严重，所以这种网络一般需要租用专线。广域网通常可以利用公用网络（如公用数据网、公用电话网、卫星通信等）进行组建，将分布在不同国家和地区的计算机系统连接起来，达到资源共享的目的。例如：大型企业在全球各城市都设立分公司，各分公司的局域网相互连接，即形成广域网，广域网的连线距离极长，连接速度通常低于局域网或城域网，使用的设备也相当昂贵。

（2）按拓扑结构分类　计算机网络有各种各样的拓扑结构，常见的有星形、总线形、环形及树形。

1）星形网络。在星形拓扑结构中，节点通过点到点通信电路与中心节点连接。中心节点控制全网的通信，任何两节点之间的通信都要通过中心节点。星形拓扑结构简单，易于实现，便于管理，但是网络的中心节点也是全网可靠性的瓶颈，中心节点的故障可能导致全网瘫痪。星形网络拓扑结构如图 1-1 所示。

星形网络具有以下特点：构造容易，适于同种机型互连；通信功能简单，可以根据需要由中心处理机分时或按优先权排队处理；中心处理机负载过重，扩充困难；每台入网计算机均需与中心处理机有线路直接互连，因此线路利用率低，信道容量浪费较大。由于应用汽车网络的目的之一就是简化线束，所以这种结构不可能成为整车网络的结构，但有可能在一个部件或总成上使用。

2）总线形网络。总线形网络是从计算机的总线访问控制发展而来的，是一种比较简单的计算机网络结构，它采用一条称为公共总线的传输介质，将各计算机直接与总线连接，信息沿总线介质逐个节点广播传送。它将所有的入网计算机通过分接头接入一条载波传输线，其网络拓扑结构就是一条传输线。由于所有的入网计算机共用一条传输信道，因此总线形网络的一个特殊问题就是信道的访问控制权如何分配，并由此产生了一系列处理机制。总线形网络拓扑结构如图 1-2 所示。

扫一扫

计算机网络的拓扑结构及应用

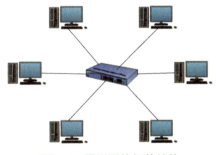

图 1-1　星形网络拓扑结构

图 1-2　总线形网络拓扑结构

总线形网络的特点是：由一条总线连接入网计算机，所以信道利用率较高；分时访问总线，网络长度和网络节点数受传输延时、驱动能力及访问机制的限制，适合于传输距离较短、节点数不是很多的情况。目前，局域网多采用此种方式。汽车上的网络多采用这种结构，尤其是低端网络。

3）环形网络。环形网络通过一个转发器将每台入网计算机接入网络，每个转发器与相邻两台转发器用物理链路相连,所有转发器组成一个拓扑为环的网络系统。环形网络由于其点—点通信路由的唯一性,因此,不宜在广域范围内组建计算机网络。它也是一种较为实用的局域网拓扑结构,尤其是在实时性要求较高的环境中。环形网络拓扑结构如图1-3所示。

图1-3 环形网络拓扑结构

环形网络的主要特点是:由于一次通信信息在网中传输最大时间是固定的,因此实时性较高;每个网上节点只与其他两个节点由物理链路直接互联,因此传输控制机制较为简单,一个节点出故障可能会终止全网运行,因此可靠性较差;网络扩充需对全网进行拓扑和访问控制机制的调整,因此较为复杂。由于汽车上线控技术要求实时性好的网络系统,有一些车载网络系统支持这种结构,可采用冗余通道提高可靠性。

在实际应用中,上述三种类型的网络经常被综合应用,并形成互连网。互连网是指将两个或两个以上的计算机网络连接而成的更大的计算机网络。

4)树形网络。由多个星形网络构成的网络称为多级星形网络,多级星形网络按层次方式排列即形成树形网络,树形网络是分级的集中控制式网络,与星形网络相比,其通信线路总长度短,成本较低,节点易于扩充,但除叶节点及其相连的线路外,任一节点及其相连的线路故障都会使系统受到影响。树形网络拓扑结构如图1-4所示。

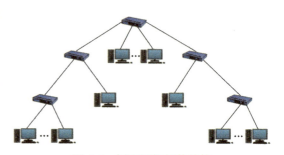

图1-4 树形网络拓扑结构

2. 计算机网络中的基本概念

(1)节点 网络上的节点是网络活动的核心组成部分,包括终端节点和中间节点。终端节点一般是网络连接的应用系统和设备,它们利用网络发送或接收信息;中间节点提供信息的转送、信息流量控制等网络服务功能。

(2)介质

1)双绞线。双绞线是现在最普通的传输介质,它由两条相互绝缘的铜线组成,一般直径为1mm。两根线绞接在一起是为了防止邻近线的电磁感应对其产生干扰信号。双绞线分为屏蔽(shielded)双绞线和非屏蔽(unshielded)双绞线。非屏蔽双绞线由电缆外皮作为屏蔽层,适用于网络流量不大的场合。屏蔽双绞线具有一个金属甲套,对电磁干扰(Electromagnetic Interference,EMI)具有较强的抵抗能力,适用于网络流量较大的高速网络协议。

2)同轴电缆。同轴电缆以单根铜导线为内芯,外裹一层绝缘材料,外覆密集网状金属,最外面是一层保护性塑料。金属屏蔽层能将磁场反射回中心导体,同时也能使中心导体免受外界干扰,故同轴电缆比双绞线具有更高的带宽和更好的噪声抑制特性。

3)光导纤维。光导纤维简称光纤,它是软而细的、利用内部全反射原理来传导光束的传输介质。光纤为圆柱状,由三个同心部分组成——纤芯、包层和保护套,每一路光纤包括两根,一根接收,一根发送。与同轴电缆比较,光纤可提供极宽的频带且功率损耗

扫一扫

计算机网络中不同介质的结构特点

小、传输距离长（2km以上）、传输率高（可达数千Mbit/s）、抗干扰性强（不会受到电子监听），是构建安全性网络的理想选择。

4）微波、电磁波、卫星传输等。这几种传输方式以空气为传输介质，以电磁波为传输载体，联网方式较灵活。

（3）通信实体　在通信中，任何一个可以作为信息发送或接收的个体称为通信实体。

（4）计算机网络拓扑结构　所谓网络拓扑结构是指网络的链路和节点在地理上所形成的几何结构或物理布局。

（5）帧　帧是数据链路层的协议数据节点，也是独立的网络信息传输节点，是网络传输的最小单位。

（6）报文　报文是网络中信息交换与传输的数据单元，即站点一次性要发送的数据块。报文包含了将要发送的完整的数据信息，其长度可变，报文传输过程中会不断地封装成分组、包、帧来传输，封装的方式就是添加一些信息段。可以将其看成是按照一定格式组织起来的数据。

（7）协议　两个实体要想成功地通信，它们必须"说同样的语言"，并按既定控制法则来保证相互的配合。具体地说，在通信内容、怎样通信以及何时通信等方面，两个实体要遵从相互可以接受的一组约定和规则。这些约定和规则的集合称为协议。因此，协议可定义为在两实体间控制信息交换的规则的集合。一个通信协议通常对语法、语义和定时规则三个方面进行约定，即协议由这三个要素组成。

（8）计算机网络信息的传送方式

1）电路交换。电路交换是两台计算机在相互通信时使用一条实际的物理链路在通信中自始至终使用该条电路进行信息传输，且不许其他计算机共享该电路的信道容量。电路交换事实上来源于公共电话交换网，由于这种网的实用性和地域的宽广性，早期的计算机通信几乎都使用电路交换方式。

2）报文交换。当发送方有数据发送时，就将数据按一定格式构成数据块，即报文，然后发送出去。相邻的转接交换机收到这个报文后先存储这个报文，当这个报文传输所需的链路空闲时就将它转发出去，直到到达接收端。这就是存储—转发方式，与信件的邮递方式相似。

3）分组交换。分组交换每次传输的信息最大长度是有限的，发送端将所要发送的信息拆成一个个分组发送出去，转接交换机每次转发的是一个分组（而不像报文交换那样是一整段有意义的信息），接收端把接收到的分组再逐段组装成报文。采用这种信息传输机制，既增加了通信线路利用率，又提高了数据通信的实时性，但报文的组装和拆卸以及各分组在网络上的传输都要进行附加的管理，这又增大了网络开销。

（9）传输速率　单位时间传输的信息量表征网络传输的速度，一般用单位时间传输的二进制位数表示。单位时间传输的二进制位数称为比特率，单位为bit/s。

（10）网络访问的触发方式　按照节点访问网络的触发方式，网络协议可以分为基于时间触发的通信协议和基于事件触发的通信协议。

（11）并行通信与串行通信　并行通信传输中有多个数据位，同时在两个设备之间传输。发送设备将这些数据位通过对应的数据线传送给接收设备，还可附加一位数据校验位。接收设备可同时接收到这些数据，不需要做任何变换就可直接使用。并行通信方式主要用于近距离通信。计算机内的总线结构就是并行通信的例子。这种方法的优点是传输速度快、处理简单。并行通信传输如图 1-5 所示。

串行通信传输时，数据是一位一位地在通信线上传输的，先由具有几位（8/16/32/64位）总线的计算机内的发送设备，将几位（8/16/32/64位）并行数据经过并 - 串转换硬件转换成串行方式，再逐位经传输线到达接收站的设备中，并在接收端将数据从串行方式重新转换成并行方式，以供接收方使用。串行数据传输的速度要比并行传输慢得多，但对于覆盖面极其广阔的公用电话系统来说具有更大的现实意义。串行通信传输如图 1-6 所示。

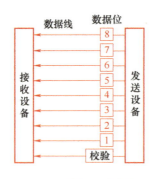

图 1-5　并行通信传输

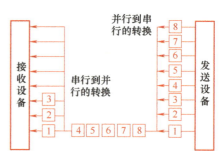

图 1-6　串行通信传输

（12）异步通信与同步通信　异步通信与同步通信是串行通信的两种基本形式。异步通信所传输的数据帧格式由 1 个起始位、1~9 个数据位和 1~2 个停止位组成，依靠起始位和停止位保持同步；同步通信所传输的数据帧格式是由多个字节组成的一个帧，每个帧都有两个（或一个）同步字符作为起始位以触发同步时钟开始发送或接收数据。

（13）网关（Gateway）　网关是一个网络连接到另一个网络的"关口"，是连接不同网络实现不同网络协议转换的设备。网关又称协议转换器，是一种复杂的网络连接设备，可以支持不同协议之间的转换，实现不同协议网络之间的互联。网关具有对不兼容的高层协议进行转换的能力，为了实现异构设备之间的通信，网关需要对不同的链路层、专用会话层、表示层和应用层协议进行翻译和转换。汽车上的各种网络都是通过网关连接成的车载互联网。

3. 计算机网络体系结构

计算机网络体系结构是指计算机网络层次结构模型，它是各层的协议以及层次之间的端口的集合。在计算机网络中实现通信必须依靠网络通信协议，目前广泛采用的是国际标准化组织（ISO）提出的开放系统互连（Open System Interconnection，OSI）参考模型。所谓"开放"，是强调对 ISO 标准的遵从。"开放"并不是指特定的系统实现具体的互连技术或手段，而是对可使用的标准的共同认识和支持。一个系统是开放的，是指它可与世界上任何地方的遵守相同标准的任何系统通信。

"开放系统互连"参考模型的目的是为协调系统互连标准的开发提供一个共同基础。在该参考模式中，提供的是概念性和功能性结构，而不是互连结构的设施和协议细节的精确定义。各层协议细节的研究是各自独立进行的。OSI 参考模型的另一作用是确定研究和改进标准的范围，并为维持所有有关标准的一致性提供共同的参考。然而，它不能用作具体实现的规范说明，也不是评价实现的一致性的基础。因此，OSI 参考模型及其各有关标准都只是技术规范，而不是工程规范。按 ISO 7498 的定义，OSI 的体系结构具有 7 个层次，每个层次都在完成信息交换的任务中担当一个相对独立的角色，具有特定的功能。其中，第 7 层为最高层，第 1 层为最低层。中继开放系统中只有下 3 层，而一般开放系统中具有完整的 7 层。OSI 的体系结构如图 1-7 所示。

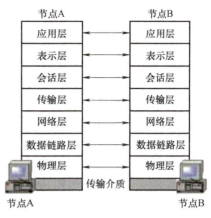

图 1-7　OSI 的体系结构

OSI 中的低层协议通常是指物理层、数据链路层和网络层这 3 层的组合，它们实现的是 OSI 系统中面向通信的功能。以下简要讨论 OSI 参考模型为这 7 层规定的服务和功能。

（1）物理层　物理层是组成计算机网络的基础，所有的通信设备、主机等均需用物理线路互连起来，因此，它是 OSI 的 7 层参考模型的第 1 层——最低层。

定义物理层协议是为了使所有厂家生产的计算机和通信设备都能在传输设备和接口上兼容，并使厂家生产的设备都符合这些接口定义。物理层定义了传输线和接口硬件的机械、电气和电信号特征及功能，它主要是针对通信设备间传输电气信号的物理特征。

（2）数据链路层　为保证数据通信的可靠性，在 OSI 七层参考模型中物理层之上设置了数据链路层。数据链路层的目的是在物理层处于各种通信环境条件下时，都能保证其向高层提供一条无差错的、高可靠性的传输线路，从而保证数据通信的正确性并为计算机网络的正常运行提供其所要求的数据通信质量。

数据链路层的首要任务是管理数据传输。一方面它选取一种信息传输方式，早期大多采用面向字符的协议，目前基本上被面向比特的协议所取代；另一方面，它要有一种差错检测和差错恢复方式，以便在发现数据传输有错时能够采取补救措施。数据链路层的另一个重要任务则是进行数据传输时的流量控制。

（3）网络层　为了将信息准确无误地从发送端（源点）传输到接收端（终点），在数据链路层之上建立了网络层。网络层是通信子网（由节点机和传输线路等组成，它负责将信息在网络中正确传到目的地）的关键，信息从通信子网的发送端节点机传送到接收端节点机需由网络层在传送时进行必要的路由选择、差错校验、流量控制以及顺序检测。

（4）传输层　传输层的主要任务是向用户提供可靠的端到端（end-to-end）服务，透明地传送报文。它向高层屏蔽了下层数据通信的细节，因此是计算机通信体系结构中最关键的一层。该层主要关心的问题是建立、维护与中断虚电路、传输差错校验与恢复以及信息流量控制机制等。

（5）会话层　会话层负责通信双方在正式开始传输前的沟通，其目的在于建立传输时所遵循的规则，使传输更顺畅、更有效率。

（6）表示层　表示层负责处理两个应用实体之间进行数据交换的语法问题，解决数据交换中存在的数据格式不一致以及数据表示方法不同等问题。

（7）应用层　应用层是 OSI 参考模型中最靠近用户的一层，它直接提供文件传输、电子邮件、网页浏览等服务给用户。

4. 局域网

（1）局域网的概念　局域网（Local Area Network，LAN）是一种在有限区域内提供各类数据通信设备互连，并通过功能完善的网络软件，实现数据通信设备之间的相互通信和资源共享的通信网络。这里的数据通信设备可以是计算机、终端、外部设备、传感器、电话、电视收发器、基于微处理器的应用系统或智能装置等。一个局域网的地理范围是较小的，如限定在一座楼内或大学校园等，也可跨越几座建筑物。局域网一般为某个社会组织专用，而不是公共的设施。美国电气和电子工程师协会（IEEE）于1980年2月成立局域网标准化委员会（简称802委员会），专门对局域网的标准进行研究，并提出了LAN的定义。构成局域网的网络拓扑结构主要有星形结构、总线结构、环形结构和混合形结构。

（2）局域网的特点　局域网的特点如下：网络覆盖范围小，短距离传输；高数据传输率和低传输误码率；硬软件设施及协议方面有所简化；媒体访问控制方法相对简单；采用广播方式传输数据信号，一个节点发出的信号可被网上所有的节点接收，不考虑路由选择的问题，甚至可以忽略OSI网络层的存在。

（3）局域网的传输介质　用于局域网的传输技术主要分有线传输和无线传输两类，有线传输使用的媒体包括双绞线、同轴电缆和光纤；无线传输媒体为大气层，使用技术主要包括微波、红外线和激光。

（4）局域网分类　通常将局域网划分成三类：一般局域网（LAN）、高速局域网（HSLN）和计算机化分组交换机（CBX）。

（5）局域网的体系结构　与OSI参考模型相比，局域网的参考模型就只相当于OSI的最低的两层，即物理层和数据链路层。为了使局域网中的数据链路层不致过于复杂，还将局域网数据链路层划分为两个子层，即媒体访问控制（Medium Access Control，MAC）子层和逻辑链路控制（Logical Link Control，LLC）子层。

> **情智链接**

为了保障汽车的正常行驶，在车内有多种不同的网络，不同网络间依靠网关实现信息的交换，体现了网络间的"团队精神"，各"成员"通过相互配合、协同合作，最终使整体达到最优状态。团队不仅强调工作成果，更强调团队的整体状态，团队所依赖的不仅是成员间的协调和决策，它同时也强调成员间的共同贡献，所以说团队大于各成员之和。

➤ 引导问题9：汽车传统的电器系统大多采用点对点的单一通信方式，相互之间少有联系，无法解决线束庞大的问题，因此_____技术成为必然的选择。

➤ 引导问题10：一个_____信号只能识别两种状态，即0和1，或高和低。如车灯点亮或车灯未亮、继电器触点断开或继电器触点闭合。

➤ 引导问题11：计算机中的所有信息都以_____为单位进行存储和处理。

➤ 引导问题12：_____时，发送装置向接收装置同时（并行）传输7~8位数据；_____时，在一根导线上以位为单位依次传输所需数据。

➤ 引导问题13：协议的三要素包括_____、_____和_____。协议的功能包括四个，分别是_____、_____、_____和_____。

➤ 引导问题14：低速CAN属于_____网络标准。

➢ **引导问题 15**：在汽车的发展中，随着电控装置的增多，线路越来越复杂，布线越来越困难，同时也难于维护，在这种情况下，减少线束成为必须要解决的问题，在众多科研人员的努力下，车载网络技术产生了，体现出了（　　）。

A. 工匠精神　　　　B. 创新精神　　　　C. 科研精神　　　　D. 团结协作

知识链接

1. 车载网络技术的产生

汽车网络的真正应用始于 20 世纪 80 年代，应用最广泛的是 CAN 和 SAE J1850。

1）汽车上电控装置的增多，使连接这些装置的线路越来越复杂，布线困难，线路和插接器的增加成为安全问题的巨大隐患，同时也难于维护，在这种情况下，减少线束成为一个必须要解决的问题。传统的电器系统大多采用点对点的单一通信方式，相互之间少有联系，无法解决线束庞大的问题，因此网络通信技术成为必然的选择。

2）在汽车上将越来越多地使用线控技术（XBW），而线控技术是以网络通信为基础的。线控系统在人机接口、执行机构和传感机构之间以及其他系统之间要进行大量信息传输，基于串行通信的网络技术是实现这种通信功能的最佳结构。

3）未来汽车上应能提供任何办公室或家庭中的网络信息服务，在智能交通系统中，一辆汽车应具有接收和提供相关信息的功能，完成这些功能需要很强的通信能力和数据共享能力，因此要用到汽车车载网络技术。

2. 数据信号

（1）**模拟信号**　模拟信号是一组随时间改变的数据，如电压值随时间的变化。模拟信号如图 1-8 所示。

（2）**数字信号**　数字信号就是以数字形式表示不断变化的物理量。数字信号如图 1-9 所示。

扫一扫

数据信号类型及特点

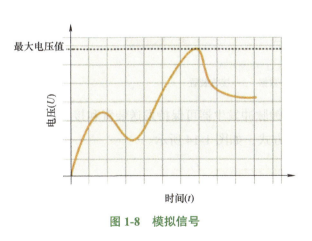

图 1-8　模拟信号

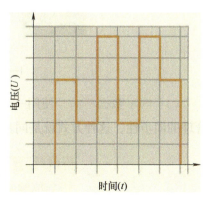

图 1-9　数字信号

（3）**二进制信号**　一个二进制信号只能识别两种状态，即 0 和 1，或高和低。如车灯点亮或车灯未亮、继电器触点断开或继电器触点闭合等。二进制信号如图 1-10 所示。

（4）**信号电压**　信号电压如图 1-11 所示。

（5）**代码**　代码就是一组由字符、符号或信号码元以离散形式表示信息的明确的规则体系。

（6）位和字节 计算机中的所有信息都以位（bit，也称比特，是二进制数字的最小信息单位）为单位进行存储和处理，8位构成1个字节。

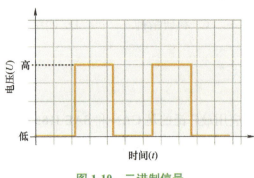

图1-10 二进制信号

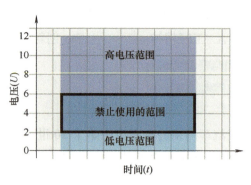

图1-11 信号电压

3. 数据传输方式

（1）并行传输 并行传输时，发送装置向接收装置同时（并行）传输7~8位数据。以并行形式传输数据时，两个设备之间的电缆必须包括7或8根平行排列的导线（加搭铁导线）。并行传输方式如图1-12所示。

（2）串行传输 串行传输主要用于在数据处理设备之间进行数据通信。在一根导线上以位为单位依次（连续形式）传输所需数据。串行传输方式如图1-13所示。

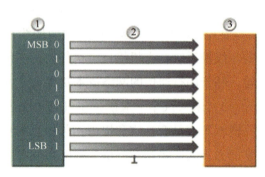

图1-12 并行传输方式
1—发送装置 2—数据 3—接收装置
MSB—最高有效位 LSB—最低有效位

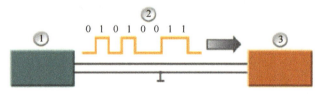

图1-13 串行传输方式
1—发送装置 2—数据 3—接收装置

（3）同步数据传输 使用一个共同的时钟脉冲发生器可保持发送装置和接收装置时间管理的同步性，这种方式就是同步数据传输方式，如图1-14所示。

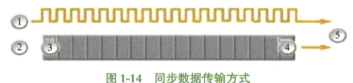

图1-14 同步数据传输方式
1—同步脉冲 2—数据 3—停止 4—起始 5—接收装置

（4）异步数据传输 发送装置和接收装置之间最常用的时间管理方式是异步数据传输方式。进行异步数据传输时，发送装置和接收装置之间没有共同的系统节拍。系统通过起始位和停止位识别数据组的开始和结束。异步数据传输时数据帧的结构如图1-15所示。

图 1-15　异步数据传输时数据帧的结构

1—接收装置　2—起始位　3—最低值数位　4—5~8 位数据位
5—最高值数位　6—检查位　7,8—停止位　9—发送装置

（5）数据总线上的信息流方向　单工通信如图 1-16 所示，半双工通信如图 1-17 所示，全双工通信如图 1-18 所示。

4. 车载网络的通信协议

通信协议是指通信双方控制信息交换规则的标准、约定的集合，即指数据在总线上的传输规则。

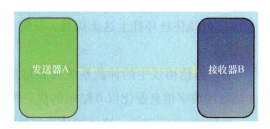

图 1-16　单工通信

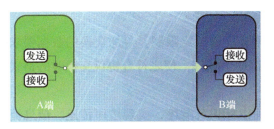

图 1-17　半双工通信

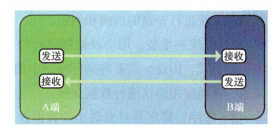

图 1-18　全双工通信

（1）通信接口与实体　通信接口与实体包括物理方面、电气方面、逻辑方面、过程方面。

1）物理方面。它指插接器的结构形式。

2）电气方面。它指接口的电路信号电压及变化特征。

3）逻辑方面。它指如何将数据位或字符变成字段，说明传输控制字符的功能和使用。通信接口逻辑说明是一种控制和实现穿越接口交换数据流的语言。

4）过程方面。它指规定通信过程控制字符的顺序、各种字段法定内容，以及控制数据流穿越接口的命令和应答。如果将逻辑说明看成确定数据流穿越接口的语法，则过程说明即可作为语言。

（2）协议的含义　两个实体若要成功地通信，则必须"说同样的语言"。在通信内容、通信方式以及通信时间等方面，两个实体要遵守相互可以接受的一组约定和规则，这些约定和规则的集合称为协议。

（3）协议的三要素　协议的三要素包括语法、语义、定时规则。

1）语法。它确定通信双方之间"如何讲"，即由逻辑说明构成，要对信息或报文中各字段格式化，说明报头（或标题）字段、命令和应答的结构。

2）语义。它确定通信双方之间"讲什么"，即由过程说明构成，要对发布请求、执行动作以及返回应答进行解释，并确定用于协调和差错处理的控制信息。

3）定时规则。它指事件的顺序以及速度匹配、排序。

(4) 协议的内容　协议的内容分为如下四个部分：

1) 在一个简单的通信协议中，电控单元不分主、从，根据优先规则，电控单元之间相互传递信息，并确定接收何种信息。

2) 一个电控单元是主电控单元，则其他为从属电控单元。根据优先规则，主电控单元决定哪个从属电控单元发送信息以及何时发送信息。

3) 电控单元像旋转木马上的骑马人，一个挂环绕其旋转，当一个电控单元有了有用信息，便抓住挂环挂上这条信息，任何一个需要该信息的电控单元都可以从挂环上取下这条信息。

4) 通信协议中的仲裁系统按照每条信息的数字拼法及数据传输设定优先规则，如以1结尾的数字信息要比以0结尾的优先级高。

(5) 协议的功能　协议的功能包括如下四个：

1) 差错检测和纠正。面向通信传输的协议常使用"应答 - 重发"、循环冗余检验、软件检查等机制进行差错检测和纠正；面向应用的协议常采用重新同步、恢复以及托付等更高级的方法进行差错的检测和纠正。

2) 分块和重装。用协议控制进行传送的数据长度有一定限制，参加交换的数据要求有一定格式。因此，需要将实际应用中的数据进行加工处理，使之符合协议交换时的格式要求，从而应用协议进行数据交换。

3) 排序。排序是对发送出的数据进行编号，以标识其顺序，实现按序传递、信息流控制和差错控制等目的。

4) 流量控制。流量控制通过限制发送的数据量或速率，防止在信道中出现堵塞现象。

(6) 协议的类别　根据特性不同，协议可分为直接型、间接型；单体型、结构化型；对称型、不对称型；标准型、非标准型。

(7) 常用通信协议　8种典型的通信协议见表1-1。

表1-1　8种典型的通信协议

序号	协议名称	推荐或实施单位
1	CAN	奔驰、英特尔、博世、SAE、ISO/TC22/SC3/WG1
2	BASIC CAN	飞利浦、博世
3	ABUS	大众
4	VAN	雷诺、标致、雪铁龙、ISO/TC22/SC3/WG1
5	HBCC	福特、SAE J1850
6	PALMNET	马自达、SAE
7	DLCS	通用
8	CCD	克莱斯勒、SAE

5. 车载网络的分类及应用

(1) 网络标准分类

1) A类网络标准。A类网络标准目前还在应用的主要是TTP/A（Time Triggered Protocol/A）、LIN（Local Interconnect Network）和丰田汽车公司专用BEAN（Body Electronic

12

Area Network）等。

TTP/A 协议最初由维也纳工业大学制定，为时间触发类型的网络协议，主要应用于集成了智能变换器的实时现场总线。它具有标准的通用异步收发传输器（UART），能自动识别加入总线的主节点与从节点，节点能在某段已知的时间内触发通信但不具备内部容错功能。

车载网络 SAE 标准 分类及应用

LIN 协议是用于汽车分布式电控系统的开放式的低成本串行通信标准，2003 年开始使用。LIN 是一种基于 UART 的数据格式、主从结构的单线 12V 的总线通信系统，主要用于智能传感器和执行器的串行通信，已经广泛地被世界上的大多数汽车公司以及零配件厂商所接受，有望成为事实上的 A 类网络标准。

BEAN 协议是丰田汽车公司专用的双向通信网络，是一种多总线车身电子局域网，由仪表板 BEAN 系统、转向柱 BEAN 系统和车门 BEAN 系统等组成，最大传输速率为 10kbit/s，采用单线制，数据长度为 1~11 个字节。

2）B 类网络标准。从目前来看，主要应用的 B 类网络标准有三种：SAE J1850、VAN 和低速 CAN。

1994 年 SAE 正式将 SAE J1850 作为 B 类网络标准协议。最早，SAE J1850 用在美国福特、通用以及克莱斯勒公司的汽车中；现在，SAE J1850 协议作为诊断和数据共享的标准被广泛应用在汽车产品中。但是 SAE J1850 并不是一个单一标准。Ford 采用的 SAE J1850 标准，其物理层与通用和克莱斯勒公司使用的不同；而通用和克莱斯勒公司在相同的物理层上又使用不同的数据帧格式，并且三个公司使用各自的消息协议。

VAN 标准是 ISO 于 1994 年 6 月推出的，它基于 ISO 11519-3，主要为法国汽车公司所用。

CAN-BUS 是德国博世公司在 20 世纪 80 年代初，为解决现代汽车中众多的电控单元之间数据交换问题和电控单元与测试仪器之间的数据交换问题而开发的一种串行数据通信协议。低速 CAN 是一种多主总线，通信介质可以是双绞线、同轴电缆或光纤，目前主要应用的是双绞线，通信速率可达 125kbit/s。

3）C 类网络标准。C 类网络标准主要用于与汽车安全相关及实时性要求比较高的地方，如动力系统，所以其传输速率比较高，通常在 125kbit/s~1Mbit/s，支持实时的周期性参数传输。C 类网络标准包括 TTP/C、Flex Ray 和高速 CAN（ISO-11898-2）等。

TTP/C 协议由维也纳工业大学研发，基于时分多址（TDMA）的访问方式。TTP/C 是一个应用于分布实时控制系统的完整的通信协议。它能够支持多种容错策略，提供容错的时间同步以及广泛的错误检测机制，同时还提供节点的恢复和再整合功能。其采用光纤传输的工程化样品速度将达到 25 Mbit/s。TTP/C 支持时间和事件触发的数据传输。

Flex Ray 是宝马、戴姆勒 - 克莱斯勒、摩托罗拉和飞利浦等公司制定的功能强大的网络通信协议。它是基于柔性时分多址（FTDMA）的确定性访问方式，具有容错功能及确定的通信消息传输时间，同时支持事件触发与时间触发通信，具备高速率通信能力。Flex Ray 采用冗余备份的办法，对高速设备可以采用点对点方式与 Flex Ray 总线控制器连接，构成星形结构，对低速网络可以采用类似 CAN 总线的方式连接。

欧洲的汽车制造商基本上采用高速 CAN 总线标准 ISO 11898。总线传输速率通常在

125kbit/s~1Mbit/s，目前在高速网络通信系统中，应用得最为广泛。然而作为一种事件驱动型总线，CAN无法为下一代线控系统提供所需的容错功能或带宽，因为线控系统实时性和可靠性要求都很高，必须采用时间触发的通信协议，如TTP/C或Flex Ray等。

就目前来说，CAN协议仍为C类网络协议的主流，但随着下一代汽车中引进线控系统，TTP/C和Flex Ray将显示出优势。它们之间的竞争还要持续一段时间，在未来的线控系统中，到底哪一种标准更具有生命力尚难定论。

4）D类网络标准。D类网络标准（多媒体系统总线标准）是面向媒体信息的高速传输网络，传输速率一般在1Mbit/s以上，主要用于车载视频、车载音响、车载电话、导航等信息娱乐系统。

5）E类网络标准。E类网络标准（安全总线标准）是面向乘员的安全系统，是高速、实时网络，传输速率在10Mbit/s以上，主要用于车辆被动性安全领域。

安全总线主要用于安全气囊系统，以连接气囊ECU、加速度计、安全传感器等装置，为被动安全提供最佳保障。

6）诊断系统总线标准。使用诊断系统的目的主要是为满足第2代车载诊断系统（OBD-Ⅱ）、第3代车载诊断系统（OBD-Ⅲ）或欧洲车载诊断系统（E-OBD）标准。

第2代车载诊断系统（OBD-Ⅱ）由美国汽车工程师学会1994年提出。1994年以来，美国、日本、欧洲一些主要汽车生产厂为了维修方便逐渐使用OBD-Ⅱ。这一系统集故障自诊断系统软硬件结构、故障码、通信方式系统、自检测试模式为一体，具有监视发动机ECU和排放系统部件的能力。

(2) 具体应用于车上的网络

1）局部互联网络（LIN）。LIN是1998年由多家汽车生产厂商、元器件生产厂和开发工具公司联合发起的一个汽车低端网络协议。

2）TTP/A。TTP/A应用目标与LIN基本一致，是基于时间触发访问方式的协议。

3）SAE J1850。其最初由美国的福特、通用、克莱斯勒公司提出，这些公司当中的很多车型采用其作为B类网络标准使用。

4）CAN协议。它由博世公司提出，最早在欧洲汽车上广泛使用，目前美国、日本的一些公司也将其作为B类或C类网络标准使用。

5）TTP/C和Flex Ray。它们是以线控系统为主要应用目标的C类汽车网络协议。

6）MOST和D2B。它们是由媒体领域引入的标准，由于媒体信息音像传输数据量大，要求传输速率高，一般采用光纤或同轴电缆作为物理层媒介。

7）无线局部网络。在汽车控制系统和媒体系统应用中有一些探索性工作，例如蓝牙技术（Bluetooth）。

 情智链接

在汽车的发展过程中，随着功能的增强，电控装置的增多，线路越来越复杂，布线和维护越来越困难，为了减少线束，在科研人员的努力下，发展出了车载网络技术，体现出了科研人员的团结协作以及工匠精神、创新精神和科研精神，在学习中我们更应树立和发扬这些精神。

> 引导问题 16：_____是一种多功能、多量程的便携式测量仪表，一般可以测量直流电流、直流电压、交流电压和电阻等。

> 引导问题 17：万用表的结构主要包括：_____、_____、_____以及输入端子。

> 引导问题 18：现代汽车的电气化程度非常高，车辆的整个电气系统已经形成了一个网络，车辆功能的实现和正常工作需要各个电气系统的信息共享和数据支持。现代车辆的维修离不开_____的数据分析和信息支持。

> 引导问题 19：金德 KT600 的主要组成包括四大件，分别是：_____、_____、_____和_____。

> 引导问题 20：_____不仅可以快速捕捉电路信号，还可以记录信号波形，并用较低的速率或静止显示波形，便于一边观察一边分析。

> 引导问题 21：使用金德 KT600 示波器功能时，其主机必须装配_____，否则，示波器无法正常使用。

知识链接

1. 万用表

万用表是一种多功能、多量程的便携式测量仪表，一般可以测量直流电流、直流电压、交流电压和电阻等，有一些万用表还可以测量电容、晶体管、电感、温度、交流电的频率等。

（1）万用表的功能　汽车维修领域应用的万用表种类繁多，下面以 Fluke88 型数字式万用表（汽车专用万用表）为例，对万用表的功能进行介绍。

Fluke88 型数字式万用表及其结构如图 1-19 所示，其功能主要有：交流/直流电压测试、温度测试、导通性测试、电阻测试、电容测试、二极管测试、交流/直流电流测试、频率测试、占空比测试、脉宽测试、柱状图显示。

（2）万用表的结构　万用表的结构主要包括：显示屏、功能按键、功能选择开关和输入插孔（表笔插孔）。

图 1-19　Fluke88 型数字式万用表及其结构

输入插孔从左至右依次为测量 0~10A 电流、电流频率、占空比系数以及脉冲宽度输入插孔；测量 mA 电流、电流频率、占空比系数以及脉冲宽度输入插孔；用于所有测量电路共用插孔；测量电压、导通性、电阻、二极管、电容、频率、温度、占空比系数、脉冲宽度以及转速输入插孔。

功能选择开关按顺时针方向依次为关闭位置、交流电压测量、直流电压测量、转速测量、600mV 直流电压量程、温度测量、导通性测量、电阻测量及电容测量、二极管测量；0mA~10A 直流电流测量、0mA~10A 交流电流测量；0~6000μA 直流电流测量、0~6000μA 交流电流测量。

功能按键一共有8个，如图1-20所示。从第一排左侧起分别为黄色功能键、最小最大值键、量程键、Auto HOLD键；从第二排左侧起分别为背景灯开关键、蜂鸣器开关键、误差参考键、频率键。

显示屏可显示内容如图1-21所示，显示内容含义见表1-2。

图1-20 功能按键

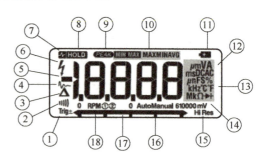

图1-21 显示屏可显示内容

表1-2 显示内容含义

序号	含义
1	模拟条形图指示器的极性显示器；频率/占空比系数触发、脉冲宽度、转速正负斜率指示器
2	打开导通性测试蜂鸣器
3	相对模式处于启用状态
4	平稳化功能已启用
5	显示负的读数；在相对模式中，表示现时的输入值与所储存的参考数值的差值
6	表示危险电压警告
7	已启动Auto HOLD模式
8	显示锁定功能已启用
9	显示万用表处于Peak、Min/Max模式，响应时间为250μs
10	Min/Max记录模式显示器
11	表内电池电量不足
12	电流、电压、电容、电阻等单位显示
13	摄氏和华氏温度
14	显示所选量程
15	万用表处于高分辨率模式
16	万用表处于自动转换量程模式，并能够自动选择最好的分辨率量程
17	条形段的数目相对于所选择量程满标度值
18	RPM①：常规转速，每隔一次旋转计数；RPM②：余量火花点火或每次旋转计数

2. 诊断仪

现代汽车的电气化程度非常高，车辆的整个电气系统已经形成了一个网络，车辆功能的实现和正常工作需要各个电气系统的信息共享和数据支持。在没有车辆诊断仪的情况下，对车辆的故障判断根本无从下手，所以现代车辆的维修离不开车辆诊断仪的数据分析和信息支持。

常见的车辆诊断仪有金德的KT600、元征的X-431等，此外还有一些汽车品牌专用车辆诊断系统，如大众/奥迪汽车的ODIS诊断信息系统、宝马汽车的DIS诊断和信息系统、福特汽车的 IDS 综合诊断系统等。下面主要针对 KT600 综合智能诊断仪进行详细介绍。

KT600 的主要组成包括四大件：主机、诊断盒、示波盒和打印机。这四大件可以分开，各自具有独立的功能和作用，可根据需要和配置情况进行工作。此外，KT600 还配备了一些车辆在进行诊断和网上升级时所需的附件，如测试延长线、电源延长线、车用鳄鱼夹、点烟器插接器、14V 电源、CF 卡、CF 卡读卡器以及各种测试插接器等。

主机可以单独使用，在它单独使用时，就是一台标准的诊断计算机，具备所有诊断计算机的功能，如读取/清除控制故障码、读取数据流等。主机的正面结构组成包括：触摸屏以及各种功能按键，主机正面结构图如图 1-22 所示。

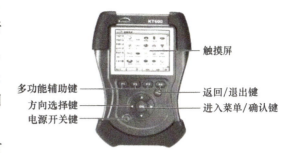

图 1-22　主机正面结构图

主机背面装有打印盒，盒内装有热敏打印机和 2000mA·h 锂电池，此外还装配了各种防护组件及触摸笔槽等。

主机在上端和下端还配备了各种端口，上端：NET 端口（直插网线可实现在线升级）、PS2 端口（可外挂键盘和条码枪，内含标准 RS232 串口）、CF 卡端口（CF 卡插槽）以及 POWER 端口（主机供电）；下端：诊断端口、示波通道端口。

3. 示波器

车载网络系统的数据脉冲信号变化速率非常快，变化周期达 1ms，且许多故障信号是间歇的，时有时无，这就需要仪器的测试速率高于故障信号的速率，通常测试仪器的扫描速率应该是被测信号的 5~10 倍。示波器不仅可以快速捕捉电路信号，还可以记录信号波形，并用较低的速率或静止显示波形，便于一边观察一边分析。下面主要对 KT600 示波器进行介绍。

KT600 装备业内领先的 32 位主控 CPU+高速数字处理芯片，保证在高达 20MHz 采样频率的情况下依然能实时处理信号，同时具备高速五通道的汽车专用示波器通道接口，如图 1-23 所示，并可以进行参考波形存储。

图 1-23　汽车专用示波器通道接口

KT600 示波器功能分为专用示波器功能（用于测量分析汽车传感器、点火系统等波形）、通用示波器功能、记录仪功能、发动机分析仪功能（选配）。车载网络系统信号波形测量与分析使用其通用示波器功能即可实现。

使用 KT600 示波器功能，其主机必须装配示波盒，如果诊断槽中没有插入示波盒，或示波盒没有正确连接，示波器无法正常使用。除了主机外，还需要使用到测试探针、示波延长线（延长输入信号线）、示波连接线（延长搭铁线或信号线）等。

情智链接

良好的学习态度，是每一位学生应该始终坚持的品质。在学习中，我们应该时刻保持积极、严谨、认真的学习态度，提升学习动力，让学习融入生活，体会学习的乐趣。

（二）任务计划与实施

➢ **引导问题 1：** 万用表在测量电阻前应该如何检查？

_____
_____
_____

➢ **引导问题 2：** 使用万用表测量电阻的步骤是怎样的？

_____
_____
_____

➢ **引导问题 3：** 使用万用表测量直流电压的步骤是怎样的？

_____
_____
_____
_____

> **小提示**
>
> 1. 万用表使用完毕后，对数字式万用表，应将功能选择开关置于 OFF 档；指针式万用表，应将功能选择开关置于交流电压最高量程档。
> 2. 在日常工作过程中应正确使用工具，养成严肃认真、精益求精的工作态度。

扫一扫

万用表的使用

任务技能点 1： 万用表的使用

1. 准备工作

- 防护：工作服、安全鞋、手套
- 设备及零部件：迈腾 B8 实训车、维修工作台
- 工具：Fluke88 型万用表
- 辅料：迈腾 B8 维修手册、无纺布、车内外防护套装

准备工作

2. 测量说明

（1）**电阻测量** 电阻测量如图 1-24 所示，万用表功能选择开关旋至电阻档位置，测量电阻前应将红、黑表笔短接，显示屏应显示为 0Ω，如果显示值较大，需更换好的万用表，随后将红、黑表笔分别连接至被测电阻两端并读出数值。

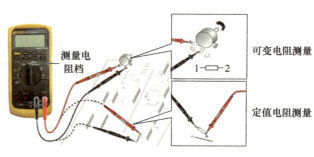

图 1-24　电阻测量

（2）导通性测试　导通性测试如图 1-25 所示，万用表功能选择开关旋至蜂鸣档，先将红、黑表笔短接，正常情况下万用表会发出蜂鸣声，并且显示屏显示为 0Ω。随后将红、黑表笔分别与被测元件两端接触，如果导通，则蜂鸣器响并且显示屏显示为 0Ω 或接近 0Ω。

（3）电压测量　根据需要，通过功能选择开关选择交流电压或直流电压档位，可以调整此档位的测试量程，黑色表笔连接万用表电路共用插孔，红色表笔连接万用表测量电压输入插孔，电压测量如图 1-26 所示。

图 1-25　导通性测试

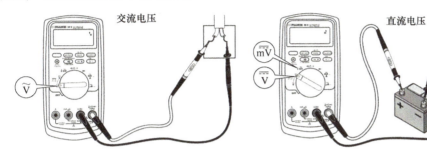

图 1-26　电压测量

3. 注意事项

1）万用表使用过程中，不能用手触碰表笔的金属部分，以保证人身安全和测量结果的准确性。

2）严禁在被测电路带电的情况下测量电阻，以免损坏万用表。

➤ 引导问题 4：金德 KT600 有哪些供电方式？

➤ 引导问题 5：金德 KT600 提供了哪些任务模块？

➤ 引导问题 6：金德 KT600 进行故障测试的步骤是什么？

> **小提示**
>
> 1. 金德 KT600 不使用时应尽量存放于平坦、干燥、温度适宜、少灰尘的地方。
> 2. 金德 KT600 不要放于阳光直射、靠近取暖装置、容易受到烟蚀或有水、油溅入的地方。
> 3. 不要私自拆开主机。当主机较脏时，应先关闭主机、拔掉电源，然后用软湿布拧干后擦拭机壳或屏幕。

任务技能点2: 诊断仪的使用

1. 准备工作

- 防护：工作服、安全鞋、手套
- 设备及零部件：迈腾B8实训车、维修工作台
- 工具：金德KT600综合智能诊断仪
- 辅料：迈腾B8维修手册、无纺布、车内外防护套装

准备工作

2. 诊断仪使用说明

首先根据需要选择主机供电方式，金德KT600有4种可选供电方式，第一种是交流电源供电：找到电源适配器，其中一端连接在仪器的电源供电端口，另一端接至100~240V交流插座；第二种是汽车蓄电池供电：找到电源延长线和车用鳄鱼夹，其中一端连接在仪器的电源供电端口，一端接至汽车蓄电池，汽车蓄电池供电设备的连接如图1-27所示；第三种是点烟器供电：找到电源延长线和汽车点烟器，其中一端连接在仪器的电源供电端口，另一端接至汽车点烟器；第四种是诊断座供电：主机连接电源后选择适配的诊断插接器，并与车辆在诊断座连接。设备连接过程中一定要先连接好主机、诊断延长线和诊断插接器后，再把诊断插接器连接到诊断座上，否则容易导致连接过程中因导线短路造成诊断座熔丝熔断。

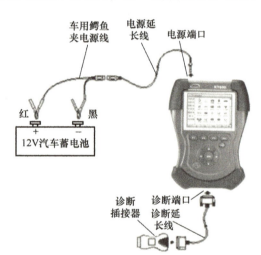

图1-27 诊断仪用汽车蓄电池供电的设备连接

金德KT600提供了四大任务模块：汽车诊断功能、系统设置功能、示波分析仪功能、辅助功能。打开主机开关，启动金德KT600进入主菜单，选择汽车诊断模块，如图1-28所示。然后选择相应的车型图标进入车辆故障测试，诊断信息包括选择系统、按地址码进入系统、专家功能、维修站代码、扫描系统、维护灯归零等选项。再单击选择系统，进入车辆系统测试界面，如图1-29所示，可以测试发动机、自动变速器、四轮驱动等多个电子控制系统。

执行测试功能，测试功能包括读取车辆ECU信息、读取故障码、清除故障码、读取动态数据流、基本设定、控制器编码、元件控制测试、各种调整匹配、自适应值清除、系统登录、防盗钥匙匹配等。下面对常用的几个测试功能做详细介绍。

（1）读取车辆ECU信息　信息包括版本号、CODING号、服务站代码等信息。一般更换车辆ECU时，需要读出ECU信息并记录，以作为购买和更换新ECU的参考，对新的ECU进行编码时也需要原ECU信息。

图 1-28 汽车诊断模块

（2）读取故障码　此项功能可以读取被测系统 ECU 存储器内的故障码，帮助维修人员快速地查找到车辆故障原因。在系统功能选择菜单中选择"02-读取故障码"，系统开始检测 ECU 中记录的故障信息，测试完毕后屏幕显示测试结果，读取的故障码如图 1-30 所示，如果测试系统无故障码，则屏幕显示"系统正常"字样。

图 1-29　车辆系统测试界面

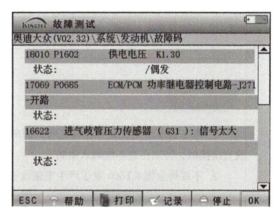

图 1-30　读取的故障码

（3）清除故障码　此项功能可以清除被测试系统 ECU 内存储的故障码，一般车型需要按照常规顺序操作：先读取故障码，记录故障码后再清除故障码，试车后再次读取故障码进行验证，维修车辆，清除故障码，再次试车确认故障码不再出现。清除故障码在系统功能选择菜单中选择"05-清除故障码"。

（4）读取动态数据流　在系统功能选择菜单选择"08-读取动态数据流"进入操作界面，以奥迪大众为例，仪器默认读取 1、2、3 组数据流，读取的动态数据流如图 1-31 所示。用户可以通过单击屏幕界面上的组号调节框顺序增减组号大小，选择不同的数据流组，或直接单击组号框，利用界面弹出的小

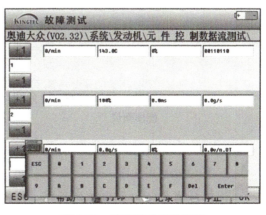

图 1-31　读取的动态数据流

键盘输入具体的数据流组号。通过此项功能，用户可以读取到任意组的动态数据流。

3. 注意事项

1）保证仪器和诊断座连接良好，以免信号中断影响测试。

2）使用连接线和插接器时尽量使用螺钉紧固，避免移动时断开和损坏接口。

3）不能在运行主机时将 CF 卡拔出，要在关机后拔出 CF 卡。

> **引导问题 7**：在使用金德 KT600 通用示波器前，如何正确连接示波器的电源和探针？

_____

_____

> **引导问题 8**：如何选择金德 KT600 通用示波器的通道？

_____

_____

> **引导问题 9**：如何调整金德 KT600 通用示波器波形的位置？

_____

_____

_____

小提示

1. 汽车蓄电池电解液中含有硫酸，硫酸对皮肤有腐蚀性，操作时应避免蓄电池电解液与皮肤直接接触，特别注意不能溅入眼睛。
2. 不要将金德 KT600 置于产生电磁波干扰的电气设备旁边，以免影响示波效果。

任务技能点 3：示波器的使用

1. 准备工作

扫一扫
示波器的使用

准备工作：
- 防护：工作服、安全鞋、手套
- 设备及零部件：迈腾 B8 实训车、维修工作台
- 工具：金德 KT600 综合智能诊断仪
- 辅料：迈腾 B8 维修手册、无纺布、车内外防护套装

2. 示波器使用说明

连接金德 KT600 和电源延长线，根据被测试车型的蓄电池位置选择蓄电池供电或者点烟器供电，图 1-32 以选择蓄电池供电为例（如果选择点烟器供电，请先确认点烟器是否

有 12V 蓄电池电压）。将测试探针接入主机的示波器通道接口，然后将测试探针上的小鳄鱼夹接到蓄电池负极或塔铁，再将测试探针插入要测试的信号线。

打开金德 KT600 主机电源，在主界面上选择示波器分析仪，确认进入示波器功能选择界面，如图 1-33 所示。通过上下方向选择按键，选择"通用示波器"即可进入通用示波器界面。

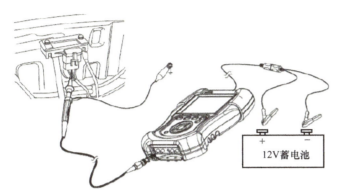

图 1-32 使用示波器功能的 KT600 设备连接方式

图 1-33 示波器功能选择界面

通用示波器使用界面如图 1-34 所示，在界面右侧除了打印和退出，还有 10 个调整选项：通道、周期、电平、幅值、位置、停止、存储、载入、光标和触发，另外还有 3 个功能选项：通道设置、自动设置、配置取存。用户可以通过屏幕右下角的方向键来对选择项目进行调整。

通道调整：可以选择通道 1（CH1）、通道 2（CH2）、通道 3（CH3）、通道 4（CH4），或者多通道任意组合。

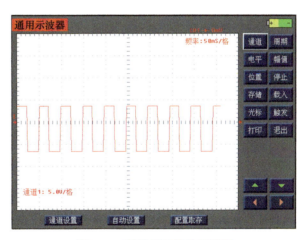

图 1-34 通用示波器使用界面

周期调整：按上下键可以改变每单格时间的长短，如果开机时设定的是 10ms/格，按向下键则会变为 5ms/格，按向上键则会变为 20ms/格。

电平调整：同一波形选择不同的触发电平，波形在显示屏上的位置就会跟着变化，如果触发电平的数值超出波形的最大最小范围，波形将产生游动，在屏幕上不能稳定住。

幅值调整：按上下方向键可以调整纵向波形幅值的大小，可以选择 1∶0.5、1∶1、1∶2.5、1∶5、1∶10 和 1∶20。

位置调整：选择位置调整可以对波形的上下显示位置进行调整，按向上方向键，波形就会上移，按向下方向键，波形就会下移。

触发方式调整：选择触发方式调整在高频可以对波形的触发起点进行调整，使用"触发"功能键可以选择触发的方式，如上升沿、下降沿、自动/正常。

波形的存储和载入：存储波形时，直接单击"存储"功能键，输入文件名后，单击弹出的"保存"按钮，文件即被保存在目录中；如果要载入波形，选择"载入"功能键，选择相应的文件名即可载入之前存储的波形。

3. 注意事项

1）若以蓄电池作为电源，须用红色鳄鱼夹接蓄电池正极，黑色鳄鱼夹接蓄电池负极。

2）尽量轻拿轻放，将仪器置于安全的地方，避免撞击，不使用时要断开电源。

（三）任务评价反馈

1. 小组自评表（表1-3）能够让小组成员对各自的信息检索能力、任务认知程度、参与状态、学习方法和工作过程等方面进行评价，从记忆、领会、应用、分析、反馈全方位评估自己对知识的学习及掌握情况。

表1-3　活动过程评价小组自评表

班级		组名		日期	
评价指标	评价要素			分值	分值评定
信息检索	能有效利用网络资源、工作手册查找有效信息；能用自己的语言有条理地去理解、表述所学知识；能将查找到的信息有效转换到工作中			10	
任务认知	能熟悉各自的工作岗位，认同工作价值；在工作中，能获得满足感			10	
参与状态	与教师、同学之间能相互尊重、理解、平等；与教师、同学之间能够保持多向、丰富、适宜的信息交流			10	
	探究学习、自主学习不流于形式，处理好合作学习和独立思考的关系，做到有效学习；能够提出有意义的问题或能发表个人见解；能按要求正确操作；能够倾听、协助、分享			10	
学习方法	工作计划、操作技能符合规范要求；能获得进一步发展的能力			10	
工作过程	遵守管理规程，操作过程符合现场管理要求；平时上课的出勤情况和每次完成学习任务情况良好；善于多角度思考问题，能主动发现、提出有价值的问题			15	
思维状态	能发现问题、提出问题、分析问题、解决问题			10	
自评反馈	按时按质完成学习任务；较好地掌握专业知识点；具有较强的信息分析能力和理解能力；具有较为全面严谨的思维能力并能条理清晰地表述成文			25	
自评分值				100	
有益的经验和做法					
总结反思建议					

2. 小组互评表（表1-4）能够让小组成员从信息检索能力、任务认知程度、参与状态、学习方法和工作过程等方面对其他小组进行评价，通过互相评价环节，小组成员能学习其他小组的长处，弥补自己小组的不足。

表 1-4 活动过程评价小组互评表

班级		被评组名		日期	
评价指标	评价要素			分值	分值评定
信息检索	该组成员能有效利用网络资源、工作手册查找有效信息			5	
	该组成员能用自己的语言有条理地去理解、表述所学知识			5	
	该组成员能将查找到的信息有效转换到工作中			5	
任务认知	该组成员能熟悉各自的工作岗位,认同工作价值			5	
	该组成员在工作中,能获得满足感			5	
参与状态	该组成员与教师、同学之间能相互尊重、理解、平等			5	
	该组成员与教师、同学之间能够保持多向、丰富、适宜的信息交流			5	
	该组成员能处理好合作学习和独立思考的关系,做到有效学习			5	
	该组成员能提出有意义的问题或能发表个人见解,按要求正确操作,能够倾听、协助、分享			5	
	该组成员能积极参与学习任务,并在过程中提高综合运用信息技术的能力			5	
学习方法	该组工作计划、操作技能符合规范要求			5	
	该组成员能获得进一步发展的能力			5	
工作过程	该组成员能遵守管理规程,操作过程符合现场管理要求			5	
	该组成员平时上课的出勤情况和每次完成学习任务情况良好			10	
	该组成员善于多角度思考问题,能主动发现、提出有价值的问题			5	
思维状态	该组成员能发现问题、提出问题、分析问题、解决问题			10	
自评反馈	该组成员能严肃认真地对待自评,并能独立完成自测试题			10	
互评分值				100	
简要评述					

3. 教师评价表(表 1-5)的内容主要包括对小组出勤状况的记录,以及对学生理想信念、道德品质、信息检索、任务认知、参与状态、学习方法、工作过程、思维状态等方面的评定,能够帮助学生更好地理解学习任务,促进对任务知识点、技能点的消化和吸收。

表 1-5 教师评价表

班级		组名		姓名	
出勤情况					
评价指标	评定要素			分值	分值评定
理想信念	有坚定的理想信念,热爱祖国			5	
	坚持正确的政治方向,积极向上			5	
	坚持社会主义核心价值观			5	
	在实操过程中体现劳动精神、工匠精神			5	
	具备良好的职业道德和环保意识			5	

评价指标	评定要素	分值	分值评定
道德品质	遵守公共场所的管理规定,自觉维护公共秩序和社会公德	5	
	在公共场所举止文雅,文明礼貌	5	
	爱护公物,保护公共设施	5	
	积极参加社会公益活动	5	
信息检索	能够顺利完成教师安排的任务,快速找到有效信息,并转化到工作中去	5	
任务认知	能够读懂文字的表达内容	5	
	能够满足岗位工作要求,掌握工作流程,熟悉注意事项	5	
参与状态	与教师、同学之间相互尊重、理解	4	
	能够做到独立思考、表达自己想法	4	
	能够按照要求正确操作,能够倾听对方表达的内容,乐于分享	4	
学习方法	能够根据工作内容的紧急情况合理制订计划	4	
	能够按要求完成工作计划,且操作符合规范	4	
工作过程	操作符合安全规定	5	
	操作符合流程规范	5	
	能协助他人完成工作	5	
思维状态	工作过程思维清晰,对工作结果能够正确预判,对其他相关工作有帮助	5	
师评分值		100	
综合评价			

三、任务拓展信息

大众测试工具盒VAS6356

大众测试工具盒 VAS6356 如图 1-35 所示,部件包括主机、URDI 测试导线、示波器(DSO)测试导线、电流钳、高压钳、触发钳、USB 导线以及电源适配器。VAS6356 与 VAS6150 诊断仪连接后可实现万用表、示波器的检测功能。

主机后部功能接口,如图 1-36 所示。URDI 接口(灰色)连接 URDI 测试导线,测量电压、电阻、二极管导通以及电流。SZ 接口(黄色)连接电流钳。DSO 接口(蓝色)有 2 个,用于连接示波器(DSO)测试导线测量信号波形图。

图 1-35 大众测试工具盒 VAS6356

主机的侧面还配有 2 个接口，分别为电源适配器接口和数据导线接口。电源适配器接口连接电源线为主机供电，数据导线接口用于和 VAS6150 诊断便携式计算机进行数据通信。

图 1-36 主机后部功能接口

当要实现示波器功能时，先将 VAS6356 与 VAS6150 的通信数据线连接上，然后连接 VAS6356 的电源适配器并接入电源，VAS6356 电源指示灯点亮。将示波器（DSO）测试导线与 VAS6356 的 DSO 接口连接好，连接时测试导线插接器的红点位置与 VAS6356 接口处的红点位置一定要对齐，然后用较小的压力插入插口，一定注意不需要旋转。

打开 ODIS 诊断信息系统，进入用户服务界面，运行模式选择"测量技术"进入万用表/示波器功能界面，通过选项卡条的选项卡可以激活客户区万用表或示波器，测量技术界面如图 1-37 所示。

图 1-37 测量技术界面

示波器功能界面如图 1-38 所示，界面分为三个区域：显示区域、操作区域和功能区域。

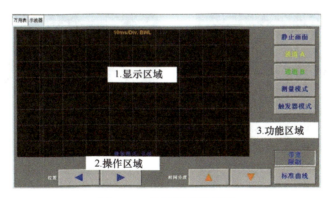

图 1-38 示波器功能界面

显示区域内通过一个为坐标系显示测量曲线，其中横坐标是时间轴，纵坐标是振幅轴。显示区域最多可以同时显示四条测量曲线，且为了更好配置测量参数，按钮的说明文字以及所显示的测量曲线都以不同的颜色显示：黄色—通道 A、绿色—通道 B、蓝色—额定曲线通道 A、红色—额定曲线通道 B。

操作区域内可以通过按钮对不同的测量功能设置参数。显示的按钮与功能区域内激活的功能有关，例如可以调节 X 轴的时间分度、图像的位置等。

功能区域内可以通过相应的按钮为各种测量或选中的检测过程选择相应的服务功能，功能区域服务功能包括：静止画面、通道 A 设置、通道 B 设置、测量模式设置、触发器模式设置、宽带限制以及标准曲线。

静止画面，即停止周期性重复测量，只显示最后一个画面。同时，在功能区域出现光标 1 和光标 2 的按钮。使用鼠标或触摸屏，在显示区域中将具体的光标沿着所记录的信号曲线移动，当前位置的振幅和时间将在功能区域中显示。如果两个光标都激活，在功能区域中只显示光标位置之间的振幅和时间差异，而不会直接显示振幅和时间。

单击通道 A 或通道 B 可以激活具体的通道参数设置，如需退出设置，可再次单击选定的按钮，通道参数设置界面如图 1-39 所示。测量选项的分配、测量范围的设置、耦合的设置、滤波器的设置均可通过单击操作区域内列表框通道的箭头进行选择设置。极限值的显示，通过单击操作区域内的按钮 MIN/MAX，激活极限值显示，当前的最小和最大测量值将以相应通道的颜色用数字居中显示在显示区域的下部。

测量模式设置时，单击"测量模式"按钮后进入参数设置界面，用于设置测量值探测模式。测量值的记录模式分别为自动设置模式（Auto Setup）、自动水平模式（Auto Level）、自动模式（Auto）、正常模式（Normal）、单次模式（Single）以及记录器模式（Inscriber）。

触发器参数设置界面如图 1-40 所示，先设置触发阈值，触发阈值可通过显示区域右侧的滑动调节器来设定，在触发器的基本状态下，触发器阈值为 0。与通道参数设置相同，也需要对通道、耦合方式及滤波器进行设置。同时还需要设置触发沿，可供选择的触发沿有测量信号在上升沿处被触发、测量信号在下降沿处被触发两种。可以通过蓝色的箭头按钮对出发点（显示区域内的箭头）逐格移动。如果激活宽带限制功能，将对活动测量频道上设置频率限制为 75kHz 的低通滤波器。

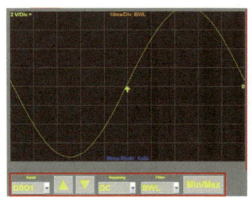 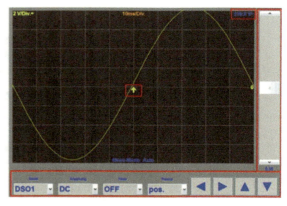

图 1-39　通道参数设置界面　　　　图 1-40　触发器参数设置界面

目标曲线包含参考曲线，用于在故障查找时做出诊断。当前测量的信号（黄色和绿色信号曲线）可与参考信号（蓝色和红色信号曲线）对比。如果测量信号的特点匹配参考信号的特点，可假设所测试的车辆组件正常。可选模式为用户模式和专家模式两种。

学习任务 2
LIN 总线系统的检修

一、任务说明

任务描述	某 4S 店接到一辆大众迈腾 B8 轿车车主委托,车主反映车辆在打开点火开关时前照灯常亮,无法通过车灯开关关闭前照灯。经过维修技师初步检查发现,该车辆的前照灯灯光开关采用 LIN 总线进行数据通信,接下来维修技师对客户的维修委托制订故障诊断与维修计划,并针对故障进行相应的维修。在执行车辆诊断及维修工作时,会涉及 LIN 总线的哪些信息?LIN 总线又如何进行检修呢?	
任务所属模块课程	• 动力与底盘网关控制系统检修 • 车身与娱乐网关控制系统检修	(√) (√)
任务对应工作领域	• 汽车全车网关控制与娱乐系统工作领域	(√)
任务育人目标描述		
1. 增强学生团队及合作意识,强调养成自主学习能力的重要性。 2. 培养严肃认真、精益求精的工作习惯,有利于适应汽车维修工作岗位。		
职业技能(能力)要求描述		
行为	能进行 LIN 总线信号波形的采集与波形分析。	
条件	车辆/设备:大众迈腾 B8 轿车。	
	工具及场地要求:维修工位 4 个、迈腾 B8 维修手册 4 本、工量具箱(内包含探针、采集线、专用万用表、示波器及通用手动工具)4 个、零件车 4 个、工作灯 4 个、手套若干副、无纺布若干块、维修工作台 4 个、翼子板布、前格栅布及车内三件套 4 个	
标准与要求	• 树立分析问题、解决问题的信心;提高学生的竞争能力、表现意识、自信心。 • 能描述 LIN 总线的概念及应用,了解 LIN 总线的结构组成与功用,理解 LIN 总线数据信号的传输原理,掌握 LIN 总线系统电路识读。 • 能按照维修手册的规范正确进行 LIN 总线系统的信号波形采集。 • 能按照维修手册的规范正确进行 LIN 总线系统的诊断测量。	
成果	完成 LIN 总线信号波形的分析并检修故障。	

扫一扫

LIN 总线系统检修工作任务案例

二、任务学习与实施

（一）任务引导与学习

➢ **引导问题 1**：解释 LIN 总线的含义。

_____

_____

_____。

➢ **引导问题 2**：补全下列语句中的缺失信息。

1）LIN 总线为单主 /_____结构。

2）LIN 总线工作电压为_____V。

3）LIN 总线数据传输速率为_____。

4）LIN 总线一帧信息中_____为 2B、4B 或 8B。

5）LIN 总线传输距离最长可达_____m。

➢ **引导问题 3**：列举汽车中的哪些系统或部件应用了 LIN 总线控制？

_____

_____

_____

_____

_____

_____。

➢ **引导问题 4**：也许有一天 LIN 总线的价格优势不复存在，整车厂有足够多的其他诸如 CAN 零配件供应可选时，LIN 真的要逐渐退出了。作为学生的我们，在这飞速发展的新时代，在学习和工作中要具有（　　）及（　　）。

A. 创新精神　　　　B. 工匠精神　　　　C. 毅力　　　　D. 耐心

LIN 总线系统属于车载网络系统的子总线系统，主要负责控制、管理不同的电子装置，同时通过网关与其他总线系统进行数据交流。目前 LIN 总线系统已成为了车载网络应用最广泛的子总线系统。

1. LIN 总线系统的概念

局部互联网络（Local Interconnect Network，LIN）是一个汽车底层网络协议，最初由奥迪（Audi）、宝马（BMW）、戴姆勒·克莱斯勒（Daimler-Chrysler）、大众（Volkswagen）和沃尔沃（VOLVO）联合摩托罗拉（Motorola）、VCT 通信技术公司（Volcano Communications Technologies）等多家公司和部门提出。LIN 总线标志如图 2-1 所示。

图 2-1　LIN 总线标志

LIN 总线的目标是为现有车载网络（例如 CAN 总线）提供辅助功能，因此，LIN 总线是一种辅助的串行通信总线网络，多用于不需要 CAN 总线的带宽和多功能的场合。LIN 总线典型的应用是车上传感器和执行器的联网。按 SAE 的车上网络等级标准，LIN 总线属于汽车上的 A 类网络。

2. LIN 总线的特点

LIN 协议是以广义应用的串行通信接口（SCI）（它是一种 UART 接口）为基础定义的，它支持与这类产品的连接。LIN 总线的特点总结如下：

1）工作方式采用 LIN 总线为单主 / 多从方式。

2）数据传输线为单线传输。

3）工作电压为 12V。

4）数据传输速率为 20kbit/s。

5）传输距离最长为 40m。

6）LIN 总线无须仲裁。

7）LIN 总线一帧信息中数据长度为 2B、4B 或 8B。

8）节点数一般不超过 16 个。

除以上特点之外，在 LIN 总线系统加入新节点时，不需要其他从节点作任何软件或硬件的改动；整个网络的配置信息只包含在主节点中，从节点可以自由地接入或脱离网络而不会影响网络中的通信 LIN 的网络结构；从节点不需要振荡器就能实现同步，节省了多从控制器部件的硬件成本；基于 UART 接口，几乎所有微控制器都具备 LIN 必需的硬件，价格低廉、结构简单。

3. LIN 总线在汽车上的应用

目前，LIN 总线在汽车上的应用领域主要有防盗系统、前照灯开关、刮水器电动机、驾驶人侧开关组件、传感器、中控门锁、多功能转向盘、空调系统鼓风机、报警喇叭、加热控制器、发电机、蓄电池监控等。

奥迪 A6L 汽车上的 LIN 总线应用如图 2-2 所示，LIN 总线用于新鲜空气鼓风机、风窗玻璃辅助加热器以及天窗的控制。

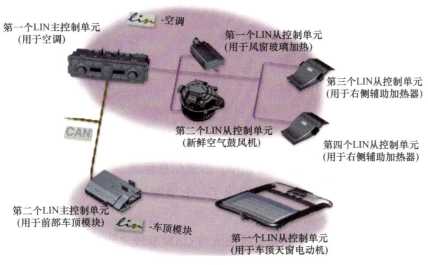

图 2-2 奥迪 A6L 汽车上的 LIN 总线应用

奥迪车系 LIN 导线的底色是紫色，有标志色，其横截面面积为 $0.35mm^2$，而且无须屏蔽。车上各个 LIN 总线系统之间的数据交换是由 ECU 通过 CAN 数据总线实现的。LIN 总线系统可让一个 LIN 主控制单元与最多 16 个 LIN 从控制单元进行数据交换。

LIN 总线在车辆防盗系统中的应用如图 2-3 所示。LIN 主控制单元发送出带有相应识别码的信息标题后，数据才会传至 LIN 总线。由于 LIN 主控制单元对所有信息进行全面监控，所以无法在车外使用从控制单元通过 LIN 导线对 LIN 总线实施控制，也就是说，LIN 总线不接收外来指令的控制，LIN 从控制单元只能回应。例如，通过便携式计算机连接跨接线发出控制指令，试图利用 LIN 从控制单元（如安装在前保险杠内的车库门开启控制单元）打开车门，是不可能的。

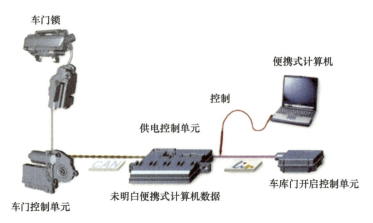

图 2-3　LIN 总线在车辆防盗系统中的应用

4. LIN 总线系统的组成与功能

LIN 总线系统的结构有三个部分，如图 2-4 所示。LIN 上级控制单元，即 LIN 主控制单元；LIN 从属控制单元，即 LIN 从控制单元；单根 LIN 导线。

扫一扫

LIN 总线系统的组成与功能

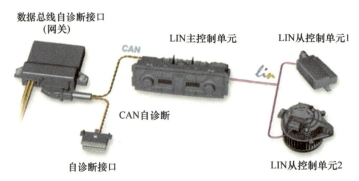

图 2-4　LIN 总线系统组成

（1）LIN 主控制单元功能

① 监控数据传输过程和数据传输速率，发送信息标题。

② LIN 主控制单元的软件内已经设定了一个周期，该周期用于决定何时将哪些信息发送到 LIN 数据总线上多少次。

③ LIN 主控制单元在 LIN 数据总线系统与 CAN 总线之间起"翻译"作用，它是 LIN 总线系统中唯一与 CAN 数据总线相连的控制单元。

④ 通过 LIN 主控制单元进行与之相连的 LIN 从控制单元的自诊断。

⑤ 决定如何在出现故障时继续运作。

⑥ 监控和启动休眠模式。

⑦ 同步各个 LIN 总线从控制单元。

（2）LIN 从控制单元功能 在 LIN 数据总线系统内，单个的控制单元（如新鲜空气鼓风机控制单元）或传感器及执行元件（如水平传感器及防盗警报蜂鸣器）均可看作 LIN 总线从控制单元，如图 2-5 所示。

LIN 从控制单元的传感器内集成有一个电子装置，该装置对测量值进行分析，其数值是作为数字信号通过 LIN 总线传输的。LIN 从控制单元的执行元件都是智能型的电子或机电部件，这些部件通过 LIN 主控制单元的 LIN 数字信号接收任务。LIN 主控制单元通过集成的传感器来获知执行元件的实际状态，然后就可以进行规定状态和实际状态的对比，并发出相应的控制指令。只有当 LIN 主控制单元发送出控制指令后，传感器和执行元件才会做出反应（执行主控制单元的控制指令）。

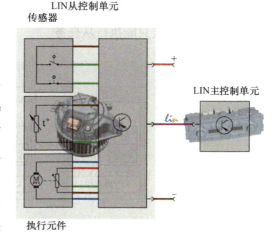

图 2-5 LIN 总线从控制单元

LIN 从控制单元根据收到的报文头的情况来接收、传达或忽略数据；可以通过一个"唤醒"信号将主控制单元唤醒；在接收数据时检查校验和，在发送数据时生成校验和；使从控制单元自身与主控制单元的同步字节同步；而且只在主控制单元的要求下与其他从控制单元进行数据交换。

5. LIN 总线信息及网络结构

（1）LIN 总线的信息结构 LIN 主控制单元控制总线导线上的信息传输情况，LIN 总线的信息结构由信息标题和信息段组成。信息标题是由同步间隔、同步区域和识别符构成的；信息段是由数据区域和校验区构成的。LIN 总线信息结构如图 2-6 所示。

每条信息的开始处都通过 LIN 总线主控制单元发送一个信息标题。该信息标题由一个同步相位（同步间隔和同步字节）构成，后面是标识符字

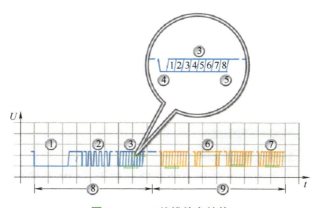

图 2-6 LIN 总线信息结构

1—同步间隔 2—同步区域 3—标识符 4—起始 5—停止
6—数据区域 7—校验区 8—信息标题 9—信息段

节，可传输 2 B、4 B 或 8 B 的数据。标识符字节包括 LIN 从控制单元地址、信息长度和两位信息安全信息等。标识符用于确定主控制单元是否将数据传输给从控制单元，或主控制单元是否在等待从控制单元的回应。信息端包含发送给从控制单元的信息。校验区可为数据传输提供更高的安全性。校验区由主控制单元通过数据字节构成，位于信息结束处。LIN 总线主控制单元以循环形式传输当前信息。

（2）LIN 总线的网络结构 LIN 总线的网络结构如图 2-7 所示，该网络由一个主节点

扫一扫

LIN 总线的网络及通信结构

（主控制单元）和多个从节点（从控制单元）构成，主节点可以执行主任务也可以执行从任务，但是从节点只能执行从任务。

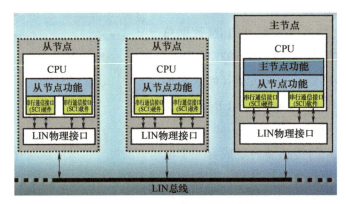

图 2-7　LIN 总线的网络结构

基于以上的网络结构，LIN 总线系统主要可以采用三种方式进行数据交换：由主节点到一个或多个从节点；也可由一个从节点到主节点或其他的从节点；最后一种是通信信号可以在从节点之间传递，而不经过主节点或通过主节点广播消息到网络中所有的从节点。

LIN 总线的网络通信任务分为发送任务和接收任务，主节点控制主发送任务。LIN 总线网络中的通信总是由主节点发起主发送任务，主节点发送一个帧头或信息标题，从节点接收并解析主节点的信息，然后决定是发送应答、接收应答或是不应答。LIN 总线网络通信结构如图 2-8 所示。

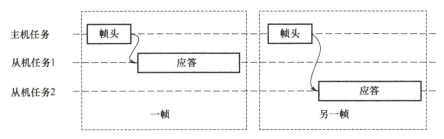

图 2-8　LIN 总线网络通信结构

 情智链接

在汽车电子技术的开发过程中，LIN 总线作为 CAN 总线的低成本辅助总线，其实对于有的新能源汽车企业来说，完全可以使用 CAN 总线来更简单统一地实现这些功能，但限于汽车里零配件实在太多，要与传统车控 ECU 供应商兼容，便不可避免用到 LIN 总线。也许有一天 LIN 总线的价格优势不复存在，整车厂有足够多的其他诸如 CAN 零配件可选时，LIN 真的要逐渐退出了。作为学生的我们，在这飞速发展的新时代，在学习和工作中要具有创新精神及工匠精神。

➢ **引导问题 5**：LIN 总线信号中包含两个部分，一是由 LIN 主控制单元发送的_____，二是由 LIN 总线主控制单元或 LIN 从控制单元发送的_____。

➢ **引导问题 6**：画出 LIN 总线信号的正常波形，波形中 LIN 总线的显性电平为_____，隐性电平为_____。

> 引导问题7：简述LIN总线的抗干扰原理。

_____
_____
_____
_____。

> 引导问题8：对LIN总线波形进行分析时，要仔细分辨波形变化，专心致志，于细微处彰显细心和耐心，做到精益求精。工匠精神的核心便是_____的品质精神，精益求精的品质也是大国工匠所必备的一种素质。

知识链接

LIN总线的工作原理与正常信号波形。

1. LIN总线数据传输原理

LIN总线驱动器物理结构如图2-9所示。LIN主控制单元内部配置1kΩ的电阻，用来保护电路避免被大电流损坏，电阻一端通过二极管（二极管的作用是防止电源电压过低时，LIN总线负荷过载）连接12V电源，电阻另一端通过晶体管搭铁，其中晶体管由控制单元内控制器（CPU）来控制其是否导通，而LIN总线驱动节点位于电阻与晶体管之间。从控制单元驱动器物理结构与主控制单元相似，但电阻设置增大到30kΩ。

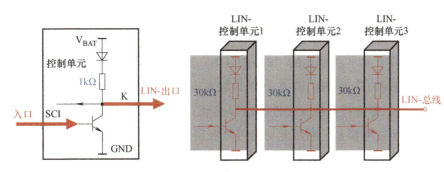

图2-9 LIN总线驱动器物理结构

各控制单元通过蓄电池正极端接电阻向总线供电，同时每个控制单元都可以驱动其控制器（CPU）控制晶体管的导通，拉低 LIN 总线电压，换而言之，晶体管导通时 LIN 总线电压为 0V（由于电子元件内部结构原因，实际测量并不为零），晶体管不导通时 LIN 总线电压为蓄电池电压。

如果所有控制单元都没有驱动控制器导通晶体管，在 LIN 数据总线上的电压就是蓄电池电压，此时电压称为隐性电平，表示逻辑为"1"，这时控制单元无信号发送到 LIN 数据总线上或者发送到 LIN 数据总线上的是一个隐性电平。

控制单元向外发送信息时，控制单元内的控制器驱动晶体管导通，将 LIN 数据总线搭铁，此时电压称为显性电平，表示逻辑为"0"。这里需要注意，控制单元向 LIN 总线上发送信息时在同一时间段上只能有一个。LIN 数据总线上显性、隐性电平如图 2-10 所示。

这样控制单元在一时间段内发送到 LIN 数据总线上的显性、隐性电平变化就可以表示成二进制的数字信号，实现数据信息的传递。例如："显、隐、隐、显、显、隐"就是可表示成"011001"。

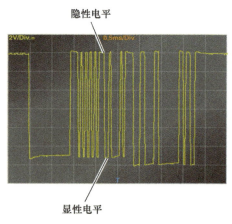

图 2-10　LIN 数据总线上显性、隐性电平

2. LIN 总线正常信号波形

（1）LIN 总线信号波形的测量（以数字示波器 UTD2102CEL 为例）

1）功能检查。接通示波器电源，让示波器以最大测量精度优化数字存储示波器信号路径执行自校正程序，按"UTILITY"按钮，按"F1"执行。然后进入下一页按"F1"，调出出厂设置。上述过程结束后，按"CH2"，进入 CH2 菜单。将数字存储示波器探头连接到 CH2 输入端，并将探头上的衰减倍率开关设定为"1×"。在数字存储示波器上需要设置探头衰减系数。此衰减系数能改变仪器的垂直档位倍率，从而使得测量结果能正确反映被测信号的幅值。设置探头衰减系数的方法如下：按"F4"使菜单显示"1×"。把探头的探针和搭铁夹连接到探头补偿信号的相应连接端上，按"AUTO"按钮，几秒钟内可见到方波显示（1kHz，约 3V，峰值）。

2）捕捉单次信号。设置探头和 CH2 通道的衰减系数，进行触发设定，按下触发控制区域"TRIG MENU"按钮，显示触发设置菜单；在此菜单下分别应用"F1~F5"键菜单按钮进行设置。设置触发类型为"边沿"、触发源选择为"CH2"、斜率为"下降"、触发方式为"正常"、触发耦合为"直流"；调整水平时基和垂直档位至适合的范围。调节水平的"SCALE"旋钮，将电压调至 2.00V；调节垂直的"SCALE"旋钮，将脉宽调至 1.00ms；然后再调节水平和垂直的"POSITION"旋钮，将波形图像调至屏幕的中央；旋转"TRIGGER LEVEL"旋钮，调整适合的触发电平。至少调节到中线以上；按"RUN/STOP"执行按钮，等待符合触发条件的信号出现。如果有某一信号达到设定的触发电平，即采样一次，显示在屏幕上。利用此功能可以轻易捕捉到偶然发生的事件。

3）信号波形保存。抓取到波形图像后，可以将波形图像存到 U 盘上，然后复制到计算机上，随后就可以进行保存、对比分析等操作了。使用示波器读取的 LIN 总线信号波形如图 2-11 所示。

（2）LIN 总线正常信号波形分析　LIN 总线信号中包含两个部分，一是由 LIN 主控制单元发送的信息标题，二是由 LIN 总线主控制单元或 LIN 从控制单元发送的信息内容，LIN 总线信号波形组成如图 2-12 所示。

1) 信息标题。信息标题由 LIN 主控制单元按周期发送，信息标题的组成如图 2-13 所示，分为同步暂停区、同步分界区、同步区和识别区四部分。

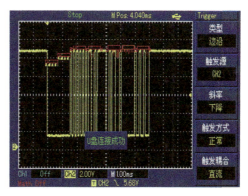

图 2-11　使用示波器读取的 LIN 总线信号波形

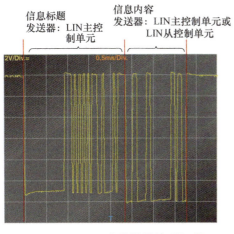

图 2-12　LIN 总线信号波形组成

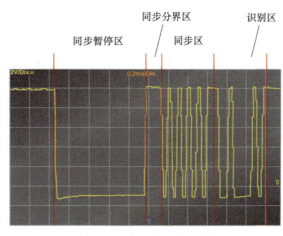

图 2-13　信息标题的组成

① 同步暂停区。同步暂停区（Synch Pause）的长度至少为 13 位（二进制），它以显性电平的形式发送。这 13 位的长度是必需的，只有这样才能准确地通知所有的 LIN 从控制单元有关信息的起始点的情况。其他的信息是以最长为 9 位的（二进制）显性电平来一个接一个进行传递的。

② 同步分界区。同步分界区（Synch Delimiter）的长度至少 1 位（二进制），且为隐性。

③ 同步区。同步区（Synch Field）由 0101010101 这个二进制位序构成，所有 LIN 从控制单元通过这个二进制位序来与 LIN 主控制单元进行匹配（同步）。所有控制单元同步对于保证正确的数据交换是非常必要的。如果失去了同步性，那么接收的信息中的某一数位值就会发生错误，该错误会导致数据传输错误。

④ 识别区。识别区（Identify Field）的长度为 8 位（二进制），前 6 位是回应信息识别码和数据区的个数，回应数据区的个数在 0~8 之间；后 2 位是校验位，用于检查数据传输是否有错误。当出现识别码传输错误时，校验位可防止接收错误的信息。

2) 信息内容。信息内容有两类，一类是从控制单元收到主控制单元发来的信息标题（帧头）中，带有要求从控制单元回应指定信息内容后，LIN 从控制单元根据信息标题中的回应信息识别码提供相应的回应信息内容。从控制单元发布回应信息的 LIN 数据总线波形如图 2-14 所示，LIN 总线的波形是由主控制单元（主机节点）和从控制单元（从机节点）分别发送完成的。

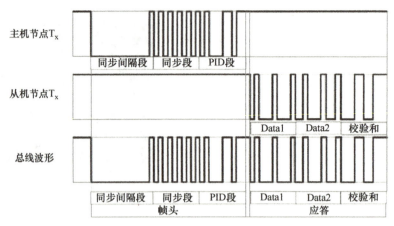

图 2-14 从控制单元发布回应信息的 LIN 数据总线波形

第二类是由主控制单元发送的命令信号内容，相应的从控制单元使用这些数据内容执行各项动作。主控制单元命令信息内容的 LIN 数据总线波形如图 2-15 所示，LIN 总线的波形是由主控制单元（主机节点）发送完成的，从控制单元（从机节点）不发送信息。

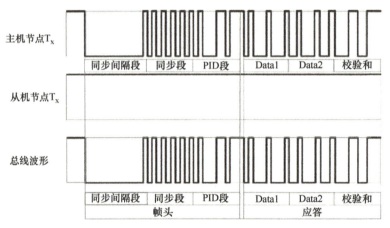

图 2-15 主控制单元命令信息内容的 LIN 数据总线波形

以奥迪 A6 空调系统为例，如果空调控制和显示单元（主控制单元）要查询新鲜空气鼓风机的转速，空调控制和显示单元会在 LIN 总线上发送信息标题，要求新鲜空气鼓风机控制单元（从控制单元）回应鼓风机的转速，新鲜空气鼓风机控制单元识别信息标题后，将当前鼓风机实际转速（150r/min）信息发送到 LIN 总线上，空调控制和显示单元读取此信息内容。从控制单元回应信息过程如图 2-16 所示。

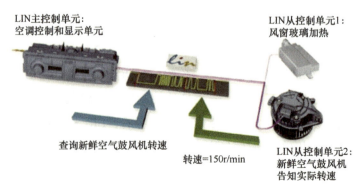

图 2-16 从控制单元回应信息过程

如果空调控制和显示单元（LIN主控制单元）要调整鼓风机转速到200r/min，空调和显示单元在LIN总线上发送信息标题和命令信息，新鲜空气鼓风机控制单元（LIN从控制单元）识别信息标题后执行命令信息，将当前鼓风机转速由150r/min提升到200r/min。主控制单元命令信息过程如图2-17所示。

需要注意的是，LIN总线系统为了减少LIN主控制单元部件的种类，主控制单元会将全部装备控制单元的信息标题发送到LIN总线上，如果车辆没有安装某一控制单元，在使用示波器读取LIN总线信号波形时会出现没有回应的信息标题，但这并不会影响车辆的使用和LIN总线系统的功能。

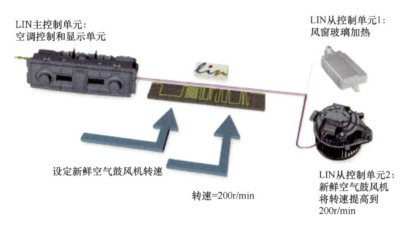

图2-17 主控制单元命令信息过程

3）LIN总线信号抗干扰设置。LIN总线在收发隐性电平和显性电平时，通过预先设定公差值来保证数据传输的稳定性，发送信号电压范围如图2-18所示，发送信号电压必须满足隐性电平大于电源电压的80%，同时显性电平小于电源电压的20%的要求。为了能在有干扰辐射的情况下仍能收到有效的信号，实际接收的允许电压值要稍高一些，接收信号允许的电压范围如图2-19所示，接收信号电压必须满足隐性电平大于电源电压的60%，同时显性电平小于电源电压的40%的要求。

扫一扫

LIN总线抗干扰原理

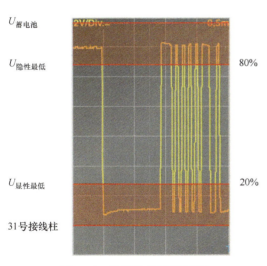

图2-18 发送信号电压范围

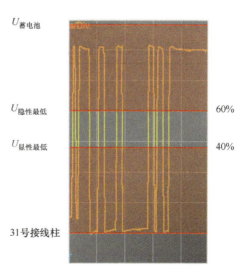

图2-19 接收信号允许的电压范围

 情智链接

对 LIN 总线波形进行分析时，要仔细分辨波形变化、专心致志，于细微处彰显细心和耐心，做到精益求精。工匠精神的核心便是精益求精的品质精神，精益求精的品质也是大国工匠所必备的一种素质。做事力图精益求精是一种美德，想要做到诊断结果准确、波形分析规范、文字表达严谨，就需要我们在学习中做到精益求精。

（二）任务计划与实施

➢ **引导问题 1**：分析 LIN 总线对正极或负极短路故障。

1）LIN 总线短路会造成什么影响？

_____
_____
_____
_____

2）使用示波器记录并绘制 LIN 总线短路故障信号波形图。

➢ **引导问题 2**：分析 LIN 总线断路故障。使用示波器记录 LIN 总线发生断路时的故障信号波形。

1）绘制 LIN 总线主控制单元信号波形。

2）绘制 LIN 总线从控制单元信号波形。

> **引导问题 3**：使用示波器记录 LIN 总线虚接信号波形图。并分析 LIN 总线虚接故障，会造成什么影响？

_____
_____
_____
_____。

小提示

1. 在检查电路之前确保关闭点火开关，断开蓄电池负极电缆。禁止在点火开关接通时断开或重新连接 LIN 系统接口模块线束插接器。
2. 在利用电焊设备进行焊接时，必须从 LIN 系统接口模块上断开线束插接器。
3. 不要触摸 LIN 系统接口模块线束插接器端子或 LIN 系统接口模块电路板上的锡焊元件，以防静电放电造成损坏。
4. 为避免损坏线束插接器端子，在对 LIN 系统接口模块线束插接器进行测试时，务必使用合适的线束测试引线。

任务技能点 1：LIN 总线常见故障类型及故障波形分析

1. 准备工作

- 防护：工作服、安全鞋、手套
- 设备及零部件：维修工作台、迈腾 B8 实训车
- 工具：探针、采集线、专用万用表、示波器
- 辅料：迈腾 B8 维修手册、无纺布、车内外防护套装

准备工作

扫一扫

LIN 总线信号波形实际操作

2. 常见故障诊断与故障信号波形分析

（1）LIN 总线短路　常见 LIN 总线短路故障为 LIN 总线对电源正极或负极短路。如图 2-20 所示。

图 2-20　LIN 总线短路

无论是在 LIN 导线上发生短路，还是在主、从控制单元中的某个控制单元或在其之间发生短路；无论是对负极短路还是对正极短路，LIN 总线系统都会关闭，无法正常工作，并且无法再与从控制单元进行通信，相当于全局故障，涉及整个 LIN 总线。

（2）LIN 总线短路故障信号波形分析　LIN 总线对电源正极和负极短路故障信号波形分别如图 2-21 和图 2-22 所示。从这两个短路故障信号波形图可以发现，LIN 总线与电源正极发生短路故障后，信号波形呈现一条直线，电压幅值与电源电压一致。LIN 总线与电源负极发生短路故障后，信号波形也呈现一条直线，电压幅值大约为 0V。

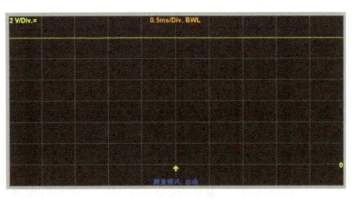

图 2-21　LIN 总线对电源正极短路故障信号波形

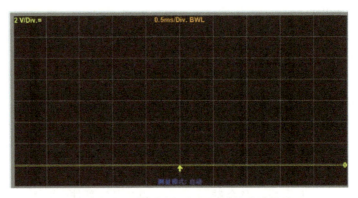

图 2-22　LIN 总线对电源负极短路故障信号波形

（3）LIN 总线断路　如图 2-23 所示，LIN 总线发生断路故障时，其功能丧失情况视发生断路的具体位置而定。如果 LIN 总线在位置 1 处发生导线断路，则无法再与两个从控制单元进行通信，这是全局故障，涉及整个 LIN 总线。如果在位置 2 或位置 3 处发生导线断路，则只是无法与相应的从控制单元进行通信，即 LIN 总线位置 2 处断路时，从控制单元 1 将不能正常工作，其他主、从控制单元正常工作；LIN 总线位置 3 处断路时，从控制单元 2 不能正常工作，其他主、从控制单元正常工作。那么根据 LIN 总线发生故障时其功能的丧失情况，结合 LIN 总线控制关系并参阅电路图，就可以判断出发生断路故障的大概位置。

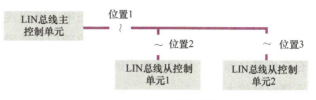

图 2-23　LIN 总线断路

（4）LIN 总线断路故障信号波形分析　LIN 总线发生断路故障一般不会影响 LIN 总线主控制单元的输出信号波形，但 LIN 总线的从控制单元信号波形会受到影响。例如，图 2-23 中 LIN 总线电路位置 2 发生断路故障，LIN 总线主控制单元和 LIN 总线从控制单元 2 的 LIN 信号波形为正常波形，而 LIN 总线从控制单元 1 的 LIN 信号波形发生异常，LIN 总线从控制单元故障信号波形如图 2-24 所示。从图中可以看出，当某一部分 LIN 总线电路发生断路故障后，相关的控制单元会出现故障信号波形，信号波形电压幅值为高电位，且呈现为上下略微波动的直线波形。

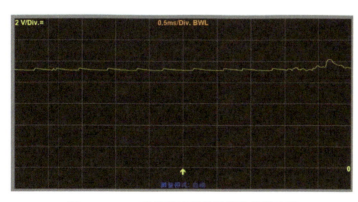

图 2-24　LIN 总线从控制单元故障信号波形

（5）LIN 总线虚接故障　LIN 总线的虚接分为 LIN 总线对电源正极或负极虚接，但由于 LIN 总线信号抗干扰设置，虚接的程度会影响 LIN 总线系统的工作状况，有时会出现存在虚接故障但车辆并没有明显故障现象的情况。

（6）LIN 总线虚接故障信号波形分析　LIN 总线虚接的故障可以通过串入电阻来模拟，通过 300Ω 电阻连接正极来模拟 LIN 总线对电源正极虚接的现象，然后利用示波器读取 LIN 总线对电源正极虚接故障信号波形，如图 2-25 所示。LIN 总线对电源正极存在虚接故障时，其信号波形的显性电压值上升，且虚接程度越大（相当于接入电阻值越大），信号波形的显性电压值上升幅度越大。

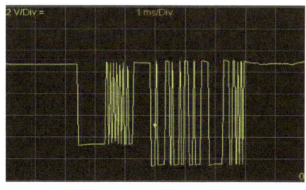

图 2-25　LIN 总线对电源正极虚接故障信号波形

同样在 LIN 总线与电源负极之间串入电阻连接来模拟 LIN 总线与电源负极虚接的现象，读取 LIN 总线对电源负极虚接故障信号波形，如图 2-26 所示。LIN 总线对电源负极存在虚接故障时，其信号波形的隐性电压值降低，而且串入的电阻阻值越小，隐性电压值下降幅度越大。

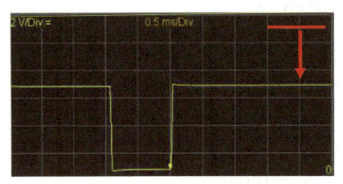

图 2-26　LIN 总线对电源负极虚接故障信号波形

3. 注意事项

1）发动机运行时，不得从车辆电气系统上断开蓄电池。

2）确保蓄电池电缆端子坚固。

▶ **引导问题 4**：根据实训车辆故障现象及制订的诊断计划，实施诊断维修并记录。

_____
_____
_____
_____
_____
_____
_____
_____
_____
_____
_____
_____
_____
_____
_____
_____。

任务技能点2： LIN 总线的故障检修实例

扫一扫

LIN 总线故障检修实际操作

1. 准备工作

- 防护：工作服、安全鞋、手套
- 设备及零部件：维修工作台、迈腾 B8 实训车
- 工具：探针、采集线、专用万用表、示波器
- 辅料：迈腾 B8 维修手册、无纺布、车内外防护套装

准备工作

2. LIN 总线的故障检修实例

一辆迈腾 B8 轿车车主反映车辆在打开点火开关的时候车辆的前照灯常亮，无法通过车灯开关关闭前照灯，前照灯进入应急工作模式。下面根据车主故障现象描述进行 LIN 总线检修。

（1）功能性检查，确认故障现象　操作前照灯开关进行前照灯灯光的功能性检查，前照灯开关位置位于关闭位置（0 位置）时，前照灯近光灯常亮；前照灯开关位置位于停车灯位置时，近光灯熄灭，示宽灯点亮；前照灯开关位置位于近光灯位置时，近光灯点亮；检查确认远光灯和超车灯均能够根据开关操作，正常开启和关闭，前照灯灯光开关背景灯正常点亮。确认故障现象为前照灯开关位于关闭位置时，前照灯近光发生不正常的常亮，前照灯进入应急工作模式。

（2）连接车载诊断仪读取故障码及相关数据流　连接车载诊断仪，选择车辆型号，进入电子中央电气系统读取故障码，读取到故障码为 U110B00（灯开关 - 无通信）。

返回电子中央电气系统读取测试数据，选择开关灯光位置数据，然后旋动前照灯开关到不同的位置，观察数据，发现数据项中"断开"（车灯关闭）、"侧灯"（停车灯）、"近光灯"的状态没有随着前照灯开关位置的变化而变化，而"冗余信号线"状态随着前照灯开关位置的变化而变化。以前照灯开关位于"侧灯"（停车灯）位置为例，开关灯光位置异常数据如图 2-27 所示。

返回电子中央电气系统进行前照灯灯光的动作测试，发现灯光动作测试无效，前照灯灯光不执行相应的动作请求。

灯开关位置

序号	数据项	值(状态)	单位
1	断开	已按下	
2	侧灯	未激活	
3	近光灯	未激活	
4	冗余信号线	停车灯	

图 2-27　开关灯光位置异常数据

通过以上数据流、测试数据以及动作测试,确定故障应该发生在前照灯灯光开关以及相关电路上。

(3) 查询、分析前照灯控制系统电路　查询迈腾 B8 前照灯开关电路图,如图 2-28 所示。

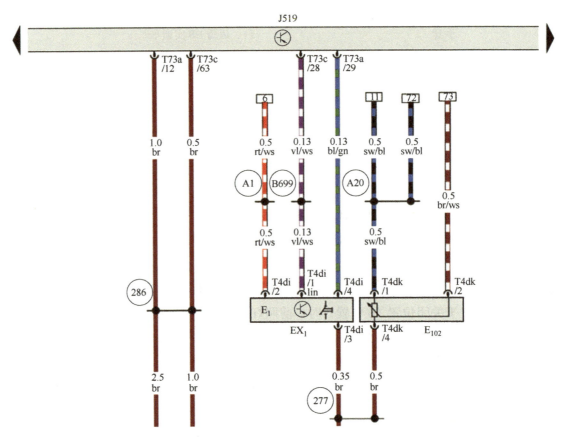

图 2-28　迈腾 B8 前照灯开关电路图

图 2-28 中的 J519 是车载电网控制单元,其接收并处理前照灯开关通过 LIN 总线传递的前照灯灯光控制信号,并为相应的前照灯灯光供电,控制前照灯灯光工作。EX_1 是前照灯开关,根据驾驶人旋动的不同前照灯开关位置,将前照灯灯光控制信号通过 LIN 总线发送给 J519。通过电路图可以发现 EX_1 插接器型号为 T4di,一共 4 根接线,前照灯开关插接器如图 2-29 所示。插接器中 T4di/1 针脚连接 EX_1 的 LIN 总线,LIN 总线的另一端连接到 J519 插接器的 T73c/28 的针脚上;T4di/2 针脚连接 EX_1 的供电线;T4di/3 针脚连接 EX_1 的搭铁线;T4di/4 针脚连接 EX_1 的冗余线(冗余线向 J519 反馈前照灯开关位置信号)。

前照灯开关的正常工作需要稳定的供电和良好的搭铁,前照灯开关的背景灯是否能够正常点亮可以反映前照灯开关的供电和搭铁是否良好。前照灯开关的开关位置可以通过 LIN 总线传递给 J519,J519 接收并处理信息控制前照灯灯光的工作,并通过冗余线监控前照灯开关的工作状态。

(4) 分析故障原因并确定测量范围　通过功能性检查,确认故障现象,发现前照灯的每个灯都是可以工作

图 2-29　前照灯开关插接器

的，说明 J519 到前照灯灯光所有电路及部件都是正常的，故障应该发生在前照灯灯光控制这个范围，也就是前照灯开关、J519 部分功能以及相关电路等，同时前照灯灯光控制部分发生故障也是导致无法进行动作测试的一个原因。在功能性检查的时候发现前照灯开关背景灯是正常点亮的，所以判断前照灯开关的供电和搭铁应该是正常的；测试数据的数值变换情况可以反映出冗余信号线是正常的；结合故障现象、故障码、数据流以及电路分析，确定测量范围为 EX_1 至 J519 的 LIN 总线。

（5）实施测量并对比标准数据、确定故障点　找到 J519 的安装位置，并依据插接器针脚位置图找出针脚 T73c/28，J519 安装位置与插接器针脚位置如图 2-30 所示。利用示波器测量该针脚位置的 LIN 总线信号波形，如图 2-31 所示，该 LIN 总线信号波形为正常信号波形。继续利用示波器测量 EX_1 的 T4di/1 针脚位置的 LIN 总线信号波形，如图 2-32 所示，该 LIN 总线信号波形为异常信号波形。

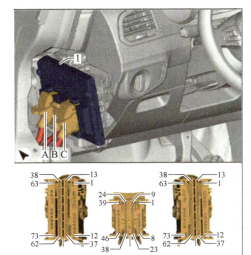

图 2-30　J519 安装位置与插接器针脚位置

A~C—插接器编号　1~73—针脚编号

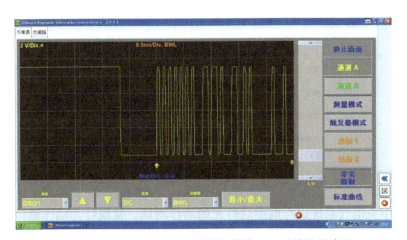

图 2-31　J519 的 T73c/28 针脚位置的 LIN 总线信号波形

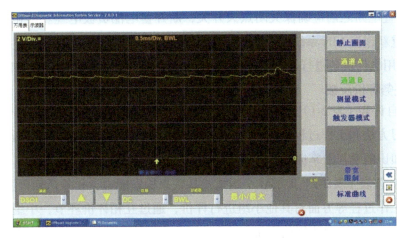

图 2-32　EX_1 的 T4di/1 针脚位置的 LIN 总线信号波形

通过对比两个位置的波形图，发现 J519 与 EX_1 之间的 LIN 总线可能出现断路故障，关闭车辆电源，利用万用表测量 T73c/28 与 T4di/1 之间的电阻值，测量值为无穷大，确认是 LIN 总线的断路故障。

（6）针对故障点实施维修，并进行功能性检查　在车辆中找到该段 LIN 总线的断路位置，并进行线束维修或更换。

维修后再次操作前照灯开关进行前照灯灯光的功能性检查，前照灯开关位置位于关闭位置（0 位置）时，只有日间行车灯工作，其余均不工作；前照灯开关位置位于停车灯位置时，近光灯熄灭，示宽灯点亮；前照灯开关位置位于近光灯位置时，近光灯点亮；检查确认远光灯和超车灯均能够根据开关操作，正常开启和关闭，前照灯灯光开关背景灯正常点亮。

连接车载诊断仪，选择车辆型号，进入电子中央电气系统读取故障码，清除故障码，并再读取一次故障码，发现原来的故障码已经消失。

返回电子中央电气系统读取测试数据，选择开关灯光位置数据，然后旋动前照灯开关到不同的位置，观察数据发现数据项中"断开"（车灯关闭）、"侧灯"（停车灯）、"近光灯"以及"冗余信号线"的状态随着前照灯开关位置的变化而正常变化。以前照灯开关位于"侧灯"（停车灯）位置为例，开关灯光位置正常数据如图 2-33 所示。

灯开关位置

序号	数据项	值(状态)	单位
1	断开	未激活	
2	侧灯	已按下	
3	近光灯	未激活	
4	冗余信号线	停车灯	

图 2-33　开关灯光位置正常数据

返回电子中央电气系统进行前照灯灯光的动作测试，发现灯光动作测试有效，前照灯灯光执行相应的动作请求。

3. 注意事项

1）在检查电路之前应确保关闭点火开关，断开蓄电池负极电缆。禁止在点火开关接通时断开或重新连接 LIN 系统接口模块线束插接器。

2）在利用电焊设备进行焊接时，必须从 LIN 系统接口模块上断开线束插接器。

（三）任务评价反馈

1. 小组自评表（表2-1）能够让小组成员对各自的信息检索能力、任务认知程度、参与状态、学习方法和工作过程等方面进行评价，从记忆、领会、应用、分析、反馈全方位评估自己对知识的学习及掌握情况。

2. 小组互评表（表2-2）能够让小组成员从信息检索能力、任务认知程度、参与状态、学习方面和工作过程等方面对其他小组进行评价，通过互相评价环节，小组成员能学习其他小组的长处，弥补自己小组的不足。

表 2-1　活动过程评价小组自评表

班级		组名		日期	
评价指标	评价要素			分值	分值评定
信息检索	能有效利用网络资源、工作手册查找有效信息；能用自己的语言有条理地去理解、表述所学知识；能将查找到的信息有效转换到工作中			10	
任务认知	能熟悉各自的工作岗位，认同工作价值；在工作中，能获得满足感			10	
参与状态	与教师、同学之间能相互尊重、理解、平等；与教师、同学之间能够保持多向、丰富、适宜的信息交流			10	
	探究学习、自主学习不流于形式，处理好合作学习和独立思考的关系，做到有效学习；能够提出有意义的问题或能发表个人见解；能按要求正确操作；能够倾听、协助、分享			10	
学习方法	工作计划、操作技能符合规范要求；能获得进一步发展的能力			10	
工作过程	遵守管理规程，操作过程符合现场管理要求；平时上课的出勤情况和每次完成学习任务情况良好；善于多角度思考问题，能主动发现、提出有价值的问题			15	
思维状态	能发现问题、提出问题、分析问题、解决问题			10	
自评反馈	按时按质完成学习任务；较好地掌握专业知识点；具有较强的信息分析能力和理解能力；具有较为全面严谨的思维能力并能条理清晰地表述成文			25	
	自评分值			100	
有益的经验和做法					
总结反思建议					

表 2-2　活动过程评价小组互评表

班级		被评组名		日期	
评价指标	评价要素			分值	分值评定
信息检索	该组成员能有效利用网络资源、工作手册查找有效信息			5	
	该组成员能用自己的语言有条理地去理解、表述所学知识			5	
	该组成员能将查找到的信息有效转换到工作中			5	
任务认知	该组成员能熟悉各自的工作岗位，认同工作价值			5	
	该组成员在工作中，能获得满足感			5	
参与状态	该组成员与教师、同学之间能相互尊重、理解、平等			5	
	该组成员与教师、同学之间能够保持多向、丰富、适宜的信息交流			5	
	该组成员能处理好合作学习和独立思考的关系，做到有效学习			5	
	该组成员能提出有意义的问题或能发表个人见解，按要求正确操作，能够倾听、协助、分享			5	
	该组成员能积极参与学习任务，并在过程中提高综合运用信息技术的能力			5	

(续)

评价指标	评价要素	分值	分值评定
学习方法	该组工作计划、操作技能符合规范要求	5	
	该组成员能获得进一步发展的能力	5	
工作过程	该组成员能遵守管理规程,操作过程符合现场管理要求	5	
	该组成员平时上课的出勤情况和每次完成学习任务情况良好	10	
	该组成员善于多角度思考问题,能主动发现、提出有价值的问题	5	
思维状态	该组成员能发现问题、提出问题、分析问题、解决问题	10	
自评反馈	该组成员能严肃认真地对待自评,并能独立完成自测试题	10	
互评分值		100	
简要评述			

3. 教师评价表(表2-3)的内容主要包括对小组出勤状况的记录,以及对学生理想信念、道德品质、信息检索、任务认知、参与状态、学习方法、工作过程、思维状态等方面的评定,能够帮助学生更好地理解学习任务,促进对任务知识点、技能点的消化和吸收。

表2-3 教师评价表

班级		组名		姓名	
出勤情况					

评价指标	评定要素	分值	分值评定
理想信念	有坚定的理想信念,热爱祖国	5	
	坚持正确的政治方向,积极向上	5	
	坚持社会主义核心价值观	5	
	在实操过程中体现劳动精神、工匠精神	5	
	具备良好的职业道德和环保意识	5	
道德品质	遵守公共场所的管理规定,自觉维护公共秩序和社会公德	5	
	在公共场所举止文雅,文明礼貌	5	
	爱护公物,保护公共设施	5	
	积极参加社会公益活动	5	
信息检索	能够顺利完成教师安排的任务,快速找到有效信息,并转化到工作中去	5	

(续)

评价指标	评定要素	分值	分值评定
任务认知	能够读懂文字的表达内容	5	
	能够满足岗位工作要求,掌握工作流程,熟悉注意事项	5	
参与状态	与教师、同学之间相互尊重、理解	4	
	能够做到独立思考、表达自己想法	4	
	能够按照要求正确操作,能够倾听对方表达的内容,乐于分享	4	
学习方法	能够根据工作内容的紧急情况合理制订计划	4	
	能够按要求完成工作计划,且操作符合规范	4	
工作过程	操作符合安全规定	5	
	操作符合流程规范	5	
	能协助他人完成工作	5	
思维状态	工作过程思维清晰,对工作结果能够正确预判,对其他相关工作有帮助	5	
师评分值		100	
综合评价			

三、任务拓展信息

奥迪A6 舒适系统LIN总线

奥迪 A6 轿车的 LIN 总线组成及安装位置如图 2-34 所示。由于舒适系统的传感器和控制单元比较多,对于数据传递速率比较低的传感器和控制单元可用 LIN 总线连接。LIN 总线采用单线连接,成本低,所占空间小。

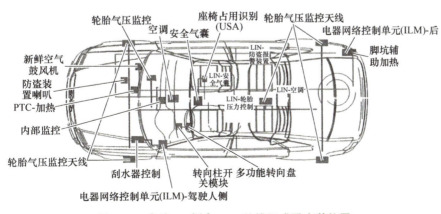

图 2-34　奥迪 A6 轿车 LIN 总线组成及安装位置

奥迪 A6 轿车部分舒适系统 CAN 总线和 LIN 总线的拓扑图如图 2-35 所示。

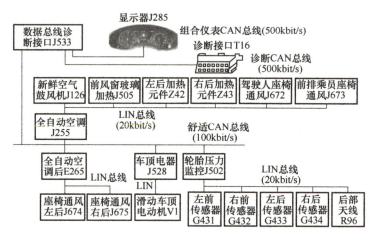

图 2-35 奥迪 A6 轿车部分舒适系统 CAN 总线和 LIN 总线拓扑图

1. 舒适系统 LIN 总线的特点

1）一个主控制单元连接多个从控制单元。奥迪 A6 轿车的空调系统的控制由两个 LIN 总线组成，即全自动空调 J255 连接的 LIN 总线和全自动空调后 E265 连接的 LIN 总线。全自动空调 J255 作为 LIN 总线的主控制单元，连接 6 个从控制单元，分别是新鲜空气鼓风机 J126、前风窗玻璃加热 J505、左后加热元件 Z42、右后加热元件 Z43、驾驶人座椅通风 J672 和前排乘员座椅通风 J673。全自动空调后 E265 作为另一个 LIN 总线的主控制单元，连接 2 个从控制单元，分别是座椅通风左后 J674 和座椅通风右后 J675。

2）一个主控制单元连接多个传感器。轮胎压力监控 J502 作为 LIN 总线的主控制单元，连接 4 个轮胎的压力传感器，即左前压力传感器 G431、右前压力传感器 G432、左后压力传感器 G433、右后压力传感器 G434 和一个后部天线 R96。

3）各 LIN 总线之间的数据交换是由主控制单元通过舒适系统 CAN 总线实现的，例如全自动空调的两个 LIN 总线之间的数据交换就是由主控制单元通过舒适系统 CAN 总线实现的。各轮胎的压力数据经轮胎压力监控 J502、舒适系统 CAN 总线上传到数据总线诊断接口 J533，供显示和诊断使用。

2. LIN 总线控制实例

刮水器 CAN 总线和 LIN 总线的控制电路如图 2-36 所示，刮水器操纵信号控制流程如下：

1）驾驶人将刮水器控制杆放到刮水器间歇位置。

2）转向柱电子装置 J527 读取刮水器控制杆的实际位置信息。

3）转向柱电子装置 J527 经由舒适系统 CAN 总线向供电 1J519 单元发送此信息。

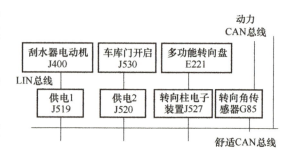

图 2-36 刮水器 CAN 总线和 LIN 总线的控制电路

4）供电 1J519 通过 LIN 总线向刮水器电动机 J400 发出指令，运行间歇位置模式。

未来汽车上电子零部件越来越多，在信息传输量越来越大的需求促动下，汽车网络化已势不可挡。因此，传统的电气网络已无法适应现代汽车电子系统的发展，新型汽车总线技术应运而生。

目前汽车上普遍采用的汽车总线有局部互联网络（LIN）和控制器局域网络（CAN），正在发展中的汽车总线技术还有高速容错网络协议 Flex Ray、用于汽车多媒体和导航的 MOST 以及与计算机网络兼容的蓝牙、无线局域网等无线网络技术。

LIN 总线是面向汽车低端分布式应用的低成本、低速串行通信总线。它的目标是为现有汽车网络提供辅助功能，在不需要 CAN 总线的带宽和多功能的场合使用，以降低成本。

LIN 总线相对于 CAN 的成本节省主要是由于采用单线传输、硅片中硬件或软件的低实现成本和无须在从属节点中使用石英或陶瓷谐振器。这些优点是以较低的带宽和受局限的单宿主总线访问方法为代价的。

LIN 总线上的所有通信都由主机节点中的主机任务发起，主机任务根据进度表来确定当前的通信内容，发送相应的帧头，并为报文帧分配帧通道。总线上的从机节点接收帧头之后，通过解读标识符来确定自己是否应该对当前通信做出响应、做出何种响应。基于这种报文滤波方式，LIN 可实现多种数据传输模式，且一个报文帧可以同时被多个节点接收利用。

学习任务 3
CAN 总线系统的检修

一、任务说明

扫一扫

CAN 总线系统检修工作任务案例

任务描述	某 4S 店接到一辆大众迈腾 B8 轿车车主的维修委托,车主反映车辆在使用过程中副驾驶侧车门无法正常上锁,车窗玻璃无法正常升降,但通过车门把手能正常解锁车门锁。维修技师怀疑车辆 CAN 总线出现故障,接下来维修技师对客户的维修委托制订故障诊断及维修计划,并针对故障进行相应的维修。在执行车辆诊断与维修工作时,会涉及 CAN 总线的哪些信息? CAN 总线又如何进行诊断检修呢?	
任务所属模块课程	• 动力与底盘网关控制系统检修 • 车身与娱乐网关控制系统检修	(√) (√)
任务对应工作领域	• 汽车全车网关控制与娱乐系统工作领域	(√)
任务育人目标描述		
1. 强调团队精神的重要性,明确并担负起自己的职责。 2. 养成按规矩做事、有条理制订计划的工作习惯。		
职业技能(能力)要求描述		
行为	能对 CAN 总线常见故障类型及故障波形进行分析。	
条件	车辆/设备:迈腾 B8 轿车。 工具及场地要求:维修工位 4 个、配套维修手册 4 本、工具箱(内包含诊断仪、万用表、示波器等专用诊断检测工具)4 个、零件车 4 个、工作灯 4 个、手套若干副、无纺布若干块、维修工作台 4 个。	
标准与要求	• 树立分析问题、解决问题的信心;提高沟通协调、团队合作的能力;加强分析能力的培养和诊断思维的养成。 • 能描述 CAN 总线系统的结构组成与功能特点,理解高速 CAN、低速 CAN 总线系统的结构组成及工作原理,掌握高速 CAN、低速 CAN 总线系统的波形分析方法,了解 CAN 总线常见的故障类型。 • 能正确分析 CAN 总线常见故障类型及故障波形。 • 能按照维修手册的规范正确进行 CAN 总线常见故障的诊断与检修。	
成果	完成 CAN 总线系统故障诊断与检修。	

二、任务学习与实施

（一）任务引导与学习

➤ 引导问题1：汽车上使用CAN总线的优点有哪些？

_____
_____
_____
_____。

➤ 引导问题2：图3-1所示为CAN总线的结构组成，请写出图中数字代表的部件名称，并简单解释各部件的作用。

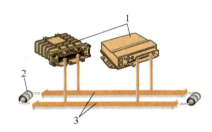

图3-1 CAN总线的结构组成

1：_____，作用：_____。
2：_____，作用：_____。
3：_____，作用：_____。

➤ 引导问题3：完成下列收发器相关知识学习。

1）收发器是由_____和_____组成的，其中：

发送器的作用是_____。

接收器的作用是_____。

2）收发器的状态特点：

状态1：截止状态，晶体管截止，开关_____；无源：总线电平=_____，电阻高。

状态2：接通状态，晶体管导通，开关_____；有源：总线电平=_____，电阻低。

3）当有多个收发器与总线耦合时，总线的电平状态将取决于各个收发器开关状态的_____。

如果某一开关已闭合，电阻上就有电流流过，总线上的电压为_____V；如果所有开关均未闭合，那么电阻上就没有电流流过，电阻上就没有电压降，总线上的电压为_____V。

➤ 引导问题4：CAN总线双绞线与收发器的抗干扰原理是什么？

_____
_____
_____。

> 引导问题 5：在团队中，我们作为团队的一员，要找到自身的价值，明确并担负起自己的_____，相互支持，为了团队的共同目标和理想去奋斗。

知识链接

CAN 是 Controller Area Network 的缩写，即控制器局域网络，CAN 总线标志如图 3-2 所示。1980 年为了适应汽车减少线束数量和数据高速可靠通信的要求，博世（BOSCH）公司的工程师们开始设计新型串行总线，并于 1986 年提出了 CAN 总线，它主要用于汽车内部大量控制器、测试仪器及执行装置之间的数据通信。目前 CAN 总线是汽车车载网络系统中应用最多、最主流的一种总线技术。

图 3-2　CAN 总线标志

1. CAN 总线的基本概念

CAN 是一种通过标准集成电路实现的具有高可靠性的串行通信协议。它是为串行通信提供位定时、帧格式、信息识别、数据传送、确认和错误检测的通信协议。CAN 总线可以用点对点，一点对多点及全局广播几种方式发送和接收数据，而汽车 CAN 总线的信息传送方式采用的是全局广播式传输，如图 3-3 所示，也就是说每个控制单元不指定接收者，把所有的信息都往外发送，由接收控制器自主选择是否需要接收这些信息。

图 3-3　全局广播式传输

（1）CAN 报文　报文是 CPU 和 CAN 控制器通信的主要手段，总线上的信息以不同固定格式的报文发送，但长度有限制，当总线开放时，任何连接的节点均可开始发送一个新报文。

（2）标识符　标识符在传送的帧的仲裁域中，它给出的不是目标节点地址，而是这个帧的特征。帧以广播的方式在总线上发送，所有节点都可以收到，节点接收到一帧后，通过标识符确定是否存储这一帧数据。

（3）优先级　在总线访问期间，标识符 ID 定义了一个报文的优先级，标识符小，优先级高。

（4）远程数据请求　通过发送一个远程帧，需要数据的节点可以请求另一个节点发送一个相应的数据帧，该数据帧相对应的远程帧以相同的标识符 ID 命名。

（5）多主站　当总线开放时，任何节点均可开始发送报文，发送具有最高优先权报文的节点获得总线访问权。

（6）仲裁及仲裁过程　当总线开放时，任何节点均可开始发送报文，若同时有 2 个或更多的节点开始发送报文，总线访问冲突运用逐位仲裁规则，借助标识符 ID 解决。这种仲裁规则可以使信息和时间均无损失。若具有相同标识符 ID 的一个数据帧和一个远程帧同时初始化，数据帧优先于远程帧。仲裁期间，每一个发送器都对发送位电平与总线上被监视电平进行比较，若相同，则该节点可以继续发送。当发送一个"隐性"电平，而监视到"显性"电平时，该节点退出仲裁，并且不应再传送后续位。

（7）睡眠/唤醒　为降低系统功耗，CAN 总线可被置于无任何内部活动的睡眠方式，相当于未连接总线的驱动器。睡眠状态被任何总线激活或者系统的内部条件被唤醒时终结。

2. CAN 总线的传输速率

位速率是总线的通信传输速率，单位是 bit/s（位每秒），在 CAN 总线中一般用的单位是 kbit/s 或 Mbit/s。目前，CAN 总线系统中的信号采用数字方式，经过铜导线传输，其最大稳定传输速率可以达到 1Mbit/s。但 CAN 总线的最高位速率和通信距离有很大的关系，通信距离越远，位速率越低。

大众和奥迪公司将最大标准传输速率规定为 500kbit/s，即高速 CAN 总线；最小标准传输速率规定为 100kbit/s，即低速 CAN 总线。由于汽车不同控制器对 CAN 总线的传输速率要求不同，最初大众汽车公司将 CAN 总线人为设定为 5 条，分别为驱动（动力）、舒适、信息、仪表及诊断总线，其中驱动（动力）和诊断总线采用传输速率为 500kbit/s 的高速 CAN 总线，其余三条采用传输速率为 100kbit/s 的低速 CAN 总线。但是随着生产技术的发展和车辆的需求，传输速率为 100kbit/s 的低速 CAN 总线的应用会越来越少。近几年大众的 MQB 平台的车辆（如迈腾 B8）CAN 总线采用的均是 500kbit/s 的高速 CAN 总线，CAN 总线按功能划分为 6 条，分别为驱动（动力）系统、底盘、舒适系统、信息娱乐系统、诊断系统以及扩展总线，大众 MQB 平台网络拓扑如图 3-4 所示。

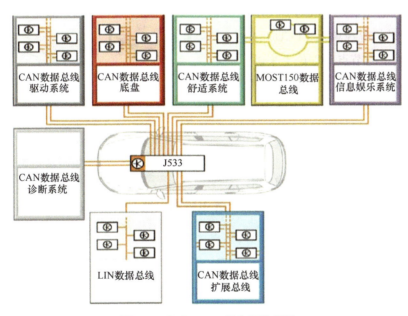

图 3-4 大众 MQB 平台网络拓扑

3. CAN 总线的结构特点

1）可靠性高。系统能将数据传输故障准确地识别出来，且某一控制单元出现故障，其他控制单元还可以保持原有功能。

2）数据密度大。所有控制单元任一瞬时的信息状态均相同，控制单元之间没有数据偏差。若系统某一处有故障，那么总线上所有连接的元件都会得到通知。

3）数据传输快。网络中各控制单元之间的数据交换速率很快，这样才能满足数据传输的实时要求。

4）采用双线传输。抗干扰能力强，数据传输的可靠性高。

5）减少了线束的数量和线束的体积，节省成本，减轻车重。有无 CAN 总线线束对比如图 3-5 所示，无 CAN 总线的车门控制单元，要完成其全部控制功能需要 45 根线和 9 个插接器，而采用 CAN 总线的车门控制单元，完成其全部控制功能只需要最多 17 根线和 2 个插接器。

a) 无CAN总线线束　　b) 有CAN总线线束

图 3-5　有无 CAN 总线线束对比图

6）采用通用传感器，同时网络结构将各控制系统紧密连接，不仅达到了数据共享的目的，而且各控制系统的协调性可进一步提高。

7）CAN 协议废除了传统的站地址编码，采用对通信数据块进行编码，使网络内的节点个数在理论上不受限制。

8）改善了系统的灵活性，即通过系统的软件可以实现系统功能的变化。

9）可为诊断提供通用的接口，利用多功能测试仪对数据进行测试与诊断，方便了维修人员对电子系统的维护和故障检修。

4. CAN 总线的组成及功能

（1）CAN 总线的组成　CAN 总线由发动机电控单元（ECU）、传输介质（双绞线）和终端电阻组成，如图 3-6 所示。

1）发动机电控单元（ECU）。CAN 总线连接的发动机电控单元（ECU）又称为 CAN 总线上的节点。理论上来讲，CAN 总线可以连接无穷多个节点，但实际上受通信距离越长、传输速率越低的限制，车载 CAN 总线的节点数量一般为上百个。

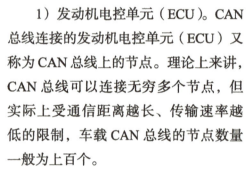
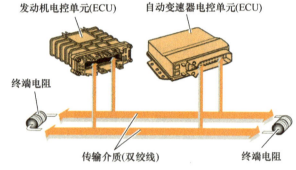

图 3-6　CAN 总线的组成

CAN 总线的电控单元是由输入电路、输出电路、微控制器、CAN 控制器、光电隔离电路、CAN 收发器组成，CAN 总线电控单元结构如图 3-7 所示。

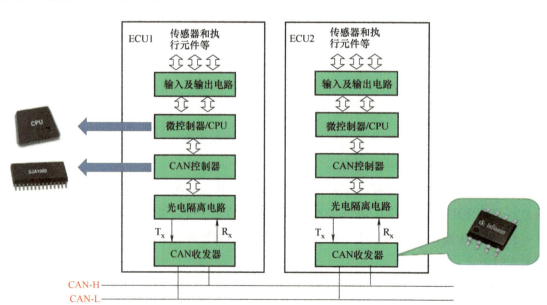

图 3-7　CAN 总线电控单元结构

① 输入电路。输入电路用来接收来自传感器和控制开关的输入信号，并将输入信号转换为单片机可接收的数字信号。如冷却液温度传感器的信号是模拟信号，需要经过模 - 数（A-D）转换电路转为数字信号。

② 输出电路。输出电路将单片机输出的控制信号转换成能驱动执行器的功率信号，因此输出电路包括放大驱动电路。如果执行器是模拟执行器，需要先将单片机输出的数字信号经数 - 模（D-A）转换电路转换为模拟信号。

③ 微控制器。汽车电控单元微控制器使用的是汽车专用增强型单片机，具有较好抗振动、耐高温、耐低温、抗电磁干扰的性能。有些微控制器里已经包含了信号转换电路和其他专用电路，甚至包含了 CAN 控制器。

④ CAN 控制器。独立的 CAN 控制器是基于微控制器的、专用于执行 CAN 总线通信协议的独立数字集成电路芯片，也有将微控制器和 CAN 控制器合成的芯片，也称为 CAN 控制器。

⑤ 光电隔离电路。以光为媒介传送信号时，能对输入和输出电路进行电气隔离，因而能有效地抑制系统噪声，消除搭铁回路的干扰，提高响应速度和使用寿命，减小体积，并提高耐冲击性。

⑥ CAN 收发器。CAN 收发器由 CAN 接收器、CAN 发送器和差动转换处理电路组成。微处理器的数据信号为正逻辑信号，经 CAN 发送器中的差动放大器转换为双向差动信号传送到 CAN 总线上。差动信号以负逻辑信号形式表示数据。CAN 接收器是差动式接收放大器，可以将 CAN 总线上双向的差动信号转变为单向的脉冲信号。

CAN 收发器在不发送信号时处于接收状态，并且 CAN 总线在任意时刻只能处于一种状态，要么是"隐性"，要么是"显性"。同时差动信号具有抗干扰作用，如图 3-8 所示，输入信号电压等于 CAN-H 信号线电压减去 CAN-L 信号线电压，当受到干扰时，CAN-H 信号线和 CAN-L 信号线的电位同时变化，进而保证了输入信号电压在受到干扰时不会变化，经差动放大电路放大后，输出电压也不会发生变化，从而达到抗干扰的目的。

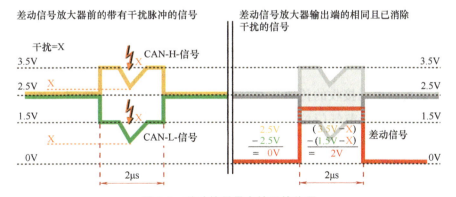

图 3-8 差动信号具有抗干扰作用

2）CAN 总线传输介质。车辆上的 CAN 数据传输线一般采用的是双绞线，分为 CAN-H 线和 CAN-L 线，双绞线如图 3-9 所示。

CAN 总线采用双绞线可以有效地抵抗外电磁干扰，

图 3-9 双绞线

原理图如图 3-10 所示。根据电磁感应定律和右手定则，双平行线和两端的通信设备构成一个空间闭合回路和导线闭合回路，穿过双平行线的磁力线可在回路中形成方向一致的感应电流，对正常的信号形成干扰。而双绞线与两端的通信设备虽然构成一个大的导线闭合回路，但由于双绞线是双线缠绕而成，在空间上虽然感应电动势方向相同，但在同一根导线上的感应电动势相反，因此起到抵消作用。

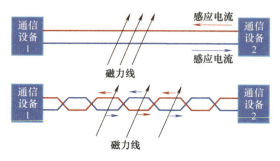

图 3-10　双绞线抗外电磁干扰原理图

3）CAN 终端电阻。在 CAN 总线的两个末端设有两个终端电阻，其目的是防止数据信号在传输线终端被反射并以波的形式返回，数据信号在终端的反射波会影响数据的正常传输。

测量终端电阻时，要先关闭点火开关，等待大约 5min，使所有的电容器都充分放电，使用数字式万用表测量总阻值，一般车辆的总阻值在 60Ω 左右。将一个带有终端电阻控制单元的插接器拔下，检测总阻值是否发生变化，插好刚拔下的控制单元插接器，再拔下另一个带终端电阻的控制单元插接器，检测总阻值是否发生变化，若总阻值均发生变化，说明终端电阻都是正常的。

（2）CAN 总线的功能　CAN 总线系统元件如图 3-11 所示，主要由 K 线、控制单元、CAN 构件、收发器等组成。

1）K 线。K 线用于在 CAN 总线系统自诊断时连接车辆诊断仪，属于诊断用的通信线。

2）控制单元。控制单元接收来自传感器的信号，将其处理后再发送到执行元件上。控制单元中的微控制器上带有输入输出存储器和程序存储器。

定期查询控制单元接收的传感器值（如变速器档位、节气门位置等）并按顺序存入输入存储器。微控制器按事先编制好的程序来处理输入值，处理后的结果存入相应的输出存储器内，然后达到各个执行元件。为了能够处理 CAN 信息，各控制单元内还有一个 CAN 存储区，用于容纳接收的和要发送的信息。

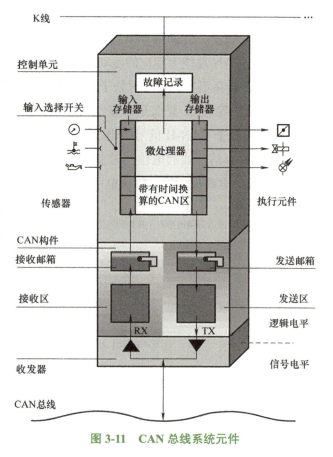

图 3-11　CAN 总线系统元件

3）CAN 构件。CAN 构件用于数据交换，它分为两个区，一个是接收区，另一个是发送区。CAN 构件通过接收邮箱或发送邮箱与控制单元相连，其工作过程与邮局收发邮件的过程十分相似。CAN 构件一般集成在控制单元的微控制器芯片内。

4）收发器。收发器就是一个发送/接收放大器，在发送数据时，收发器把 CAN 构件连续的逻辑电平（比特流）转换成电路传输电平（电压值）；当接收数据时，收发器把电路传输电平转换成逻辑电平。电路传输电平非常适合在铜质导线上进行数据传输。收发器通过发送线（TX 线）或接收线（RX 线）与 CAN 构件相连。接收线通过一个放大器直接与 CAN 总线相连，并总是在监听总线信号。

① 收发器的特点，如图 3-12 所示。收发器发送线（TX 线）始终与总线耦合，两者的耦合过程是通过一个开关电路来实现的。收发器内晶体管的状态与总线电平之间的对应关系见表 3-1。

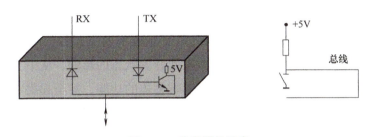

图 3-12　收发器的特点

表 3-1　收发器内晶体管的状态与总线电平之间的对应关系

状态	晶体管状态	有无电源	电阻状态	总线电平
1	截止（相当于开关断开）	无	高阻抗	5V
0	导通（相当于开关闭合）	有	低阻抗	0V

② 多个收发器与总线的耦合，如图 3-13 所示。当有多个收发器与总线耦合时，总线的电平状态将取决于各个收发器开关状态的逻辑组合。如果某一开关已闭合，电阻上就有电流流过，总线上的电压为 0V；如果所有开关均未闭合，那么电阻上就没有电流流过，电阻上就没有电压降，总线上的电压为 5V。收发器开关的状态与总线电平的逻辑关系见表 3-2，如果总线处于状态为"1"（无源），那么该状态可以由某一个控制单元使用状态"0"（有源）来改写。一般将无源的总线电平称为隐性电平，有源的总线电平称为显性电平。

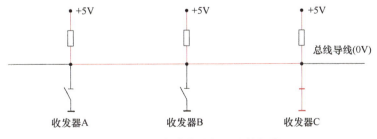

图 3-13　多个收发器与总线的耦合

表 3-2　收发器开关的状态与总线电平的逻辑关系

收发器 A	收发器 B	收发器 C	总线电平
1	1	1	1（5V）
1	1	0	0（0V）

(续)

收发器 A	收发器 B	收发器 C	总线电平
1	0	1	0（0V）
1	0	0	0（0V）
0	1	1	0（0V）
0	1	0	0（0V）
0	0	1	0（0V）
0	0	0	0（0V）

情智链接

当有多个收发器与总线耦合时，总线的电平状态将取决于各个收发器开关状态的逻辑组合。因此，总线电平的状态受到各个收发器开关状态的影响，从中我们可以体会，整体是受局部影响的，局部的功能及其变化会影响整体的功能，甚至起决定性作用。在团队中，我们作为团队的一员，要找到自身的价值，明确并担负起自己的职责，相互支持，为了团队的共同目标和理想奋斗。

➢ 引导问题6：CAN总线所传输的数据（CAN报文）主要有四种类型，分别是：_____、_____、错误帧以及_____。

➢ 引导问题7：图3-14所示为CAN数据帧的组成，请写出图中数字代表的结构名称，并说明其作用。

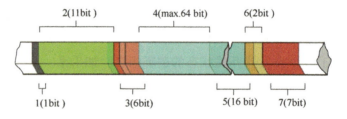

图3-14　CAN数据帧的组成

1：_____，作用：_____。
2：_____，作用：_____。
3：_____，作用：_____。
4：_____，作用：_____。
5：_____，作用：_____。
6：_____，作用：_____。
7：_____，作用：_____。

➢ 引导问题8：根据下表中的状态域，排列优先级。

优先级	数据报告	状态域形式
	Brake1（制动1）	001 1010 0000
	Engine1（发动机1）	010 1000 0000
	Gearbox1（变速器1）	100 0100 0000

➤ **引导问题 9**：能将日常学习、工作、生活中的事情安排正确的_____，是一项很重要的能力，只有这样才能让自己做事情有条理，分清轻重缓急。

知识链接

1. CAN 总线的数据结构

CAN 总线所传输的数据又称为 CAN 报文，它是一帧一帧连续传送的，每帧的数据由一组二进制数或数字脉冲组成，这组二进制数按功能又分为多段，每一段被称为帧的域或场。

CAN 总线所传输的数据（CAN 报文）主要有四种类型：数据帧、远程帧、错误帧以及过载帧。

扫一扫

CAN 总线的
数据结构

（1）**数据帧**　数据帧的组成如图 3-15 所示，每个完整的数据帧是由开始域、状态域、控制域、数据域、安全域、检验域以及结束域组成的，最大长度为 107bit（位）。

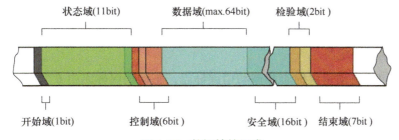

图 3-15　数据帧的组成

1）开始域。开始域标志数据的开始，由一个显性位组成，CAN-H 线的电压大约为 5V，CAN-L 线的电压大约为 0V，开始域是由控制芯片完成的。

2）状态域。状态域包括识别符和远程发送请求位，用于确定所传数据的优先级。识别符代表数据的属性和优先级，按照 ID-10 至 ID-0 的顺序发送，最低位是 ID-0，ID-10 至 ID-4 不能全是"隐性（1）"。远程发送请求位若为"显性（0）"，代表发送的信息是数据，若为"隐性（1）"，代表发送的信息是数据请求。

当总线空闲时，所有控制单元均可以向总线发送数据，但如果多个控制单元在同一时间向总线发送数据，系统就必须要选择让哪一个控制单元先发送数据。系统会检查数据状态域中识别符的二进制数值，数值越小，优先级越高，系统会选择优先级最高的数据先进行发送。例如，010 1000 0000、001 1010 0000、100 0100 0000 这三组标识符，标识符为 001 1010 0000 的优先级最高，标识符为 100 0100 0000 的优先级最低。

3）控制域。控制域用于显示数据域中的数据数量，以便让接收数据的控制单元检验自己将要接收的数据是否完整。控制域中数据长度代码（即数据的字节数量）占 4 位，其余 2 位作为扩展用的保留位。

4）数据域。数据域是信息的实质内容，数据域可根据传输的具体内容选择用 0~8 个字节来表示。例如，要表达加速踏板位置信号，可把加速踏板的位置按百分值表示，"0"表示加速踏板在最高位（未踩下），"100%"表示加速踏板在最低位（踩到底），期间每 10% 一个位置等级，也可以用更多的位来表示更精确的加速踏板位置的变化。

5）安全域。安全域用于检验数据在传输过程中是否出现错误。如果数据被检测出来存在错误，那么网络中的所有控制单元都会忽略这个数据。

6）检验域。检验域用来反映接收器通知发送器是否已经正确接收数据。当接收器正确接收有效的数据时，接收器就会在应答间隙期间内向发送器发送一个"显性"位以示应答，而应答界定符始终是"隐性"。

7）结束域。结束域标志着数据的结束，由7个"隐性"位组成。

（2）远程帧　远程帧是由开始域、状态域、控制域、安全域、检查域和结束域组成的。远程帧没有数据域，数据长度代码的数值也不受制约，远程帧的6个域的功能与数据帧中对应的域的功能相同。远程帧状态域的远程发送请求位是"隐性"。

远程帧更像是一个请求信号，例如，自动变速器根据程序要求需要发动机的转速数据，以便确定最佳换档工况，那么自动变速器控制单元要先发布远程帧，请求发动机控制单元发布发动机转速数据，发动机控制单元收到这个远程帧的请求后，发送发动机的实时转速数据，自动变速器控制单元收到发动机转速数据后，再决定是否换档或等待发动机转速达到规定数值后再换档。

（3）错误帧　错误帧由两个不同的域组成，一个域为不同控制单元提供错误标志的叠加，一个域是错误界定符。

错误标志包括主动错误标志和被动错误标志，主动错误标志由6个连续"显性"位组成，检测到错误条件的"错误主动"控制单元通过发送主动错误标志以指示错误；被动错误标志由6个连续"隐性"位组成，除非被其他CAN控制器的显性位改写，检测到错误条件的"错误被动"控制单元通过发送被动错误标志以指示错误。

错误界定符由8个"隐性"位组成。传送错误标志后，每个节点就发送1个"隐性"位，并一直监视总线直到检测出1个"隐性"位为止，然后开始发送其余7个"隐性"位。

任何控制单元检测到总线错误就会发出错误帧，错误帧的功能是对所有发送的数据进行错误检测、错误标定及错误自检。

（4）过载帧　过载帧包括过载标志和过载界定符两个域，过载标志为6个连续"显性"电平位，过载界定符为8个连续"隐性"电平位。过载帧用于在先行的和后续的数据帧或远程帧之间提供一个附加的延时，当某一接收节点（接收器）没有做好接收下一帧数据的准备时，将发送过载帧以通知发送节点（发送器）延迟数据发送。

2. CAN总线数据传输过程

CAN总线数据传递过程包含：信息格式转换、请求发送信息（总线状态查询）、发送信息、接收信息以及冲突仲裁。下面以发动机转速信息传输过程为例，介绍CAN总线数据传递过程。

（1）信息格式转换　发动机控制单元通过发动机转速传感器接收发动机转速信息，该值以固定的周期被传送到微控制器的输入存储器内。

发动机的实时转速值不仅用于发动机控制和变速器控制，还用于其他控制单元（如ABS控制、组合仪表等）。因此，发动机实时转速值通过CAN总线来传输，以实现信息共享。转速值被复制到发动机控制单元的输出存储器内，该信息从输出存储器进入CAN构件的发送邮箱内。如果此时发送邮箱内有一个发动机转速值，那么该值会由发送特征位显示出来，将发送任务委托给CAN构件，发动机控制单元就完成数据传输任务。发动机转

扫一扫
CAN总线的数据传输过程

速按 CAN 通信协议转换成标准的 CAN 报文（数据帧），如图 3-16 所示。当然，CAN 总线上传输的数据也可以是其他信息（如机油压力、转向力矩、制冷系统压力等），具体内容取决于系统设定。

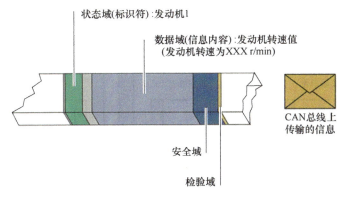

图 3-16　发动机转速按 CAN 通信协议转换成标准的 CAN 报文

（2）请求发送信息（总线状态查询）　如果发送邮箱内有一个发动机转速值，那么该值会由发送特征位显示出来，该特征位显示意味着控制单元在请求发送信息，相当于举手示意，申请发言。

控制单元向总线发送信息，需要总线处于空闲状态时才能实现，所以请求发送信息相当于在查询总线状态，如图 3-17 所示，CAN 构件通过 RX 线（接收线）来查询总线状态（是否正在交换其他信息），必要时会等待，直至总线空闲下来为止。如果在某一段时间内，总线逻辑电平一直为"1"，则说明总线处于空闲状态。

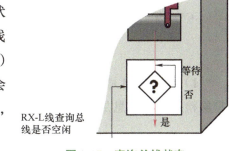

图 3-17　查询总线状态

（3）发送信息　信息发送过程如图 3-18 所示，如果总线处于空闲状态，发动机转速信息就会被发送到 CAN 总线上。

图 3-18　信息发送过程

（4）接收信息　接收信息过程如图 3-19 所示，连接在 CAN 总线上的所有控制单元都接收发动机控制单元发送的发动机转速信息，该信息通过 RX 线（接收线）到达 CAN 构件的接收区。接收信息的过程分为两步：检查信息是否正确（监控层）、检查信息是否可用（接收层）。

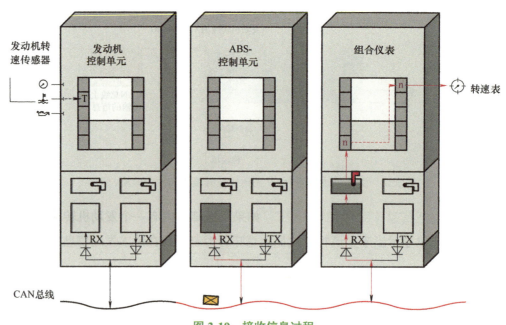

图 3-19　接收信息过程

1）检查信息是否正确（监控层）。接收器接收发动机的所有信息，并且在相应的监控层检查这些信息是否正确，这样可以识别出在某种情况下某一控制单元上出现的局部故障。

在发送每个信息时，所有数据位会产生并传递一个 16 位的校验和数，接收器按同样的规则从所有已经接收的数据位中计算出校验和数，并与系统接收的校验和数进行对比。如果两个校验和数一致，即可确认无数据传输错误，CAN 总线上的所有控制单元均会给发送器一个确认回答（即检验域）。经过监控层监控并确认无误后，已接收的正确信息会到达相关 CAN 构件的接收区。

2）检查信息是否可用（接收层）。CAN 构件的接收层判断该信息是否可用。如果该信息对本控制单元来说是可用的，则予以放行，该信息就进入相应的接收邮箱；如果该信息对本控制单元来说是无用的，则可以拒绝接收。

例如，组合仪表控制单元经过判断，认为发动机转速信息是正确并且可用的，该控制单元会将发动机转速值进行复制，并存储到输入储存器内。在组合仪表控制单元内部，发动机转速值被复制到输出存储器内，经过微处理器处理传输到执行元件（发动机转速表），显示出发动机转速的具体数值。

（5）冲突仲裁　如果多个控制单元同时发送信息，那么数据总线上就必然会发生数据冲突。为了避免发生这种情况，CAN 总线具有冲突仲裁机制。应按照信息的重要程度分配优先级，十万火急的信息（如安全相关、车辆稳定性控制的信息）优先级最高，不是特别紧急的信息（如汽车空调、车窗控制等）优先级较低，确保优先级高的信息能够优先发送。

每个控制单元在发送信息时通过发送识别符来识别信息类别及优先级,所有控制单元都通过各自的 RX 线来查询总线状态,同时每个控制单元的发送器都将 TX 线和 RX 线的状态一位一位地进行比较。识别符的二级制数值越小,表示该信息越重要,需要优先发送。

情智链接

CAN 总线的数据传输过程中,如果多个控制单元同时发送信息,那么数据总线上就必然会发生数据冲突。为了避免发生这种情况,CAN 总线会进行仲裁,按照信息的重要程度分配优先级,确保优先级高的信息能够优先发送,以保证 CAN 总线数据正常传输。同样,能将日常学习、工作、生活中的事情安排正确的优先级,是一项很重要的能力。优先级有很多的考量,并不是简单地按照先来后到的线性时间顺序排列,我们需要根据事情的紧要程度安排优先级,分清轻重缓急,培养良好的时间观念,才不至于让自己手忙脚乱,从而提高学习、工作效率。

> **引导问题 10**:高速 CAN 总线的相关知识学习。

1)高速 CAN 总线以_____速率传递数据,一般用于_____、_____以及_____的数据传输,连接的控制单元有:_____、_____、_____、_____、_____等。

2)请在下图 3-20 中标注出 CAN-H 线和 CAN-L 线。

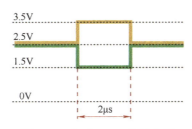

图 3-20 高速 CAN 总线电压

在隐性状态时,CAN-H 线与 CAN-L 线上的电压差大约为_____V;在显性状态时,CAN-H 线与 CAN-L 线上的电压差大约为_____V。

> **引导问题 11**:低速 CAN 总线的相关知识学习。

1)低速 CAN 总线以_____速率传递数据,一般用于_____、_____的数据传输,连接的控制单元有:_____、_____、_____、_____等。

2)请在下图 3-21 中标注出 CAN-H 线和 CAN-L 线。

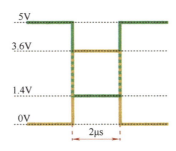

图 3-21 低速 CAN 总线电压

在隐性状态时，CAN-H 线与 CAN-L 线上的电压差大约为_____V；在显性状态时，CAN-H 线与 CAN-L 线上的电压差大约为_____V。

3）低速 CAN 总线的单线工作模式，是（   ）。

　　A. 只用一根连接线的便宜解决方案　　　　B. CAN-H 线和 CAN-L 线之间短路

　　C. 短路或断路时数据总线的应急工况　　　D. 以上均不正确

> **引导问题 12**：简述网关的工作原理。

_____

_____

_____。

> **引导问题 13**：高速 CAN 总线和低速 CAN 总线两个速率完全不同的网络系统之间如果要进行信息交换，看起来是不可能的事情，但是_____的存在，便很好地解决了这个问题。面对困难应积极寻找解决办法，不要气馁，克服困难后终会成功。

知识链接

1. 高速 CAN 总线及其正常信号波形

高速 CAN 总线以 500kbit/s 速率传递数据，每一数据组传递大约需要 0.25ms，每个控制单元需要 7~20ms 发送一次数据。高速 CAN 总线一般用于驱动（动力）系统、安全系统以及诊断系统的数据传输，连接的控制单元有发动机控制单元、ABS 控制单元、ESP 控制单元、变速器控制单元、安全气囊控制单元等。

（1）高速 CAN 总线上的电压　高速 CAN 总线上的电压如图 3-22 所示，高速 CAN 总线处于静止状态（没有数据传输）时，CAN-H 线和 CAN-L 线两条导线上作用有预先设定的电压，其电压约为 2.5V。高速 CAN 总线的静止状态也称为隐性状态，该状态下，CAN-H 线和 CAN-L 线的搭铁电压称为静止电平，或者隐性电平。当总线有数据传输时，高速 CAN 总线处于显性状态，此时 CAN-H 线上的电压值升高到大约 3.5V，而 CAN-L 线上的电压值降低到 1.5V。

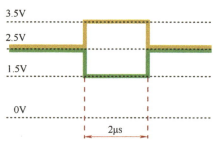

图 3-22　高速 CAN 总线上的电压

因此，在隐性状态时，CAN-H 线与 CAN-L 线上的电压差大约为 0V；在显性状态时，CAN-H 线与 CAN-L 线上的电压差大约为 2V。

（2）高速 CAN 总线收发器　控制单元通过收发器连接到高速 CAN 总线上。在收发器内部的接收器一侧设有差动信号放大器，它主要是用于处理来自 CAN-H 线和 CAN-L 线的信号，除此之外，还负责将转换后的信号传至控制单元的 CAN 接收区。这个转换后的信号称为差动信号放大器的输出电压。

高速 CAN 总线的差动信号放大器如图 3-23 所示，差动信号放大器用 CAN-H 线上的电压减去 CAN-L 线上的电压，就得出了输出电压，用这种方法可以消除静电平或其他任何重叠的电压（如外来的电磁干扰）。

（3）负载电阻（终端电阻）　为了消除信号在电路上传输时的反射，CAN 总线中安装

扫一扫

高速 CAN 总线收发器结构及工作原理

有负载电阻。由于负载电阻的影响，收发器将 CAN 信号输送到 CAN 总线的两条导线上，相应地在 CAN-H 线上的电压就升高，而在 CAN-L 线上的电压就降低一个同样大小的值。对于高速 CAN 总线来说，一条导线上的电压改变值不低于 1V。

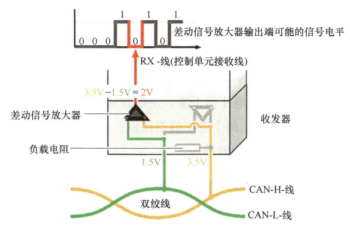

图 3-23　高速 CAN 总线的差动信号放大器

（4）高速 CAN 总线正常信号波形

1）示波器（DSO）设置。使用 VAS6150 诊断仪、VAS6356 测试工具盒以及 CAN 总线信号检测盒 VAS1598/31（图 3-24），选择测量技术中的"数字存储示波器（DSO）"测量高速 CAN 总线正常信号波形。

图 3-24　CAN 总线信号检测盒 VAS1598/31

扫一扫

高速 CAN 总线波形特点

测量高速 CAN 总线信号示波器的设置如图 3-25 所示，步骤如下：①通道 A 测量 CAN-H 线；②通道 B 测量 CAN-L 线；③将通道 A 和通道 B 的零线坐标置于相同高度（位置）以便在同一零坐标线下对电压值进行分析和对比；④通道 A 的电压单位值的设定，在 0.5V/Div 的设定下，DSO 的显示被较好地利用，便于电压值读取；⑤通道 B 的电压单位值的设定，与通道 A 相同，设定为 0.5V/Div；⑥触发点的设定位于被测定信号的范围内，在 CAN-H 线信号电压值为 2.5~3.5V 时，CAN-L 线信号电压值为 1.5~2.5V；⑦时间单位的设置，读取高速 CAN 总线信号波形的时间单位一般设为 0.02ms/Div，也可以设置为 2ms/Div 来读取多组波形。

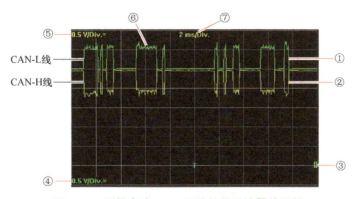

图 3-25　测量高速 CAN 总线信号示波器的设置

2）高速 CAN 总线正常信号波形分析。高速 CAN 总线的信息传输通过两个逻辑状态 "0"（显性）和 "1"（隐性）来实现。每个逻辑状态都对应于一个相应的电压值，控制单元应用其电压值获得数据。高速 CAN 总线正常信号波形如图 3-26 所示，CAN-H 线的隐性电压值大约为 2.6V（逻辑值为 1），CAN-H 线的显性电压值大约为 3.8V（逻辑值为 0）；CAN-L 线的隐性电压值大约为 2.4V（逻辑值为 1），CAN-L 线的显性电压值大约 1.1V（逻辑值为 0），其 CAN-H 线和 CAN-L 线的电压、电位关系见表 3-3。

高速 CAN 总线总是利用 CAN-H 线和 CAN-L 线的电压差确认数据。当 CAN-H 线的电压值上升时，相应 CAN-L 线的电压值下降。正如波形图所显示，高速 CAN 总线仅有两个工作状态。在隐性电压电位时，两个电压值很接近；在显性电压电位时，两个电压差值约为 2.5V，电压值大约有 100mV 的波动。

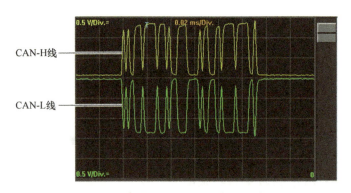

图 3-26　高速 CAN 总线正常信号波形

表 3-3　高速 CAN 总线 CAN-H 线和 CAN-L 线的电压、电位关系

逻辑电位	CAN-H 线电压	CAN-L 线电压	电压差
显性（0）	3.8V	1.2V	2.5~2.6V
隐性（1）	2.6V	2.4V	0~0.2V

2. 低速 CAN 总线及其正常信号波形

低速 CAN 总线也是双绞线式数据总线，以 100kbit/s 速率传递数据。低速 CAN 总线一般用于舒适系统、信息系统的数据传输，连接的控制单元有全自动空调 / 空调控制单元、车门控制单元、收音机和导航显示控制单元等。

（1）低速 CAN 总线上的电压　为了使低速 CAN 总线抗干扰性强且电流消耗低，低速 CAN 总线上使用了单独的驱动器（功率放大器），而且其连接的控制单元内的负载电阻不再作用于 CAN-H 线和 CAN-L 线之间，而是连接在每根导线搭铁或对 +5V 电源之间，因此与高速 CAN 总线不同，CAN-H 线和 CAN-L 线不再彼此相互影响，而是彼此独立作为电压源来工作。

低速 CAN 总线上的电压如图 3-27 所示，低速 CAN 总线信号放弃了共同的中压，在隐性状态（静止状态）时，CAN-H 线信号电压值为 0V，CAN-L 线信号电压值为 5V；在显性状态（数据传输）时，CAN-H 线信号电压值大于或等于 3.6V；CAN-L 线信号电压值小于或等于 1.4V。

（2）低速 CAN 总线收发器　低速 CAN 总线收发器的工作原理与高速 CAN 总线收发

器基本相同，不过输出的电压电平不同，而且低速CAN总线在出现故障时可以切换到单线工作模式。此外，低速CAN总线的CAN-H线和CAN-L线之间的短路会被识别出来，并且出现故障时会关闭CAN-L驱动器。在这种情况下，CAN-H线信号和CAN-L线信号是相同的。

低速CAN总线收发器的结构如图3-28所示，CAN-H线和CAN-L线上的数据传递由安装在收发器内的故障逻辑电路监控，故障逻辑电路检验两条CAN导线上的信号，如果出现故障，如某条CAN导线断路，那么故障逻辑电路会识别出该故障，从而使用完好的另一条导线（单线工作模式）。在正常的工作模式下，使用的是CAN-H线信号电压"减去"CAN-L线信号电压（差动数据传递），这样可将对低速CAN总线两条导线的干扰影响降低到最小。

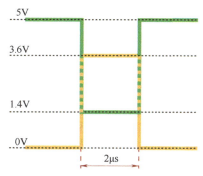

图3-27 低速CAN总线上的电压

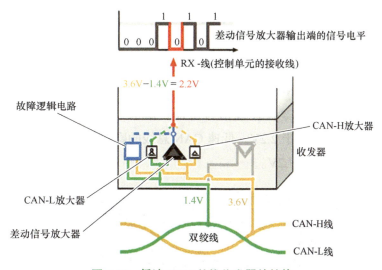

图3-28 低速CAN总线收发器的结构

（3）低速CAN总线正常信号波形

1）示波器（DSO）设置。使用VAS6150诊断仪、VAS6356测试工具盒以及CAN总线信号检测盒VAS1598/11（图3-29），选择测量技术中的"数字存储示波器（DSO）"测量低速CAN总线正常信号波形。

测量低速CAN总线信号示波器的设置如图3-30所示，步骤如下：①通道A测量CAN-H线；②通道B测量CAN-L线；③通道A和通道B的零坐标线等高，通道A的零标记被通道B所掩盖，在读

图3-29 CAN总线信号检测盒VAS1598/11

取数值时，可以将零线相互分开；④通道A的电压单位值的设定，在2V/Div的设定下，DSO的显示被较好地利用，便于电压值读取；⑤通道B的电压单位值的设定，与通道A相同，设定为2V/Div；⑥时间单位的设置，应尽可能选取得小，读取低速CAN总线信号

波形的时间单位可设置为 0.02ms/Div，也可以设置为 0.1ms/Div。

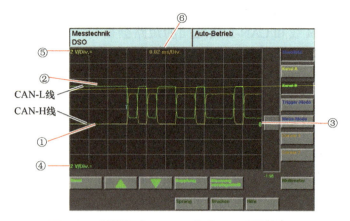

图 3-30　测量低速 CAN 总线信号示波器的设置

2）低速 CAN 总线正常信号波形分析。低速 CAN 总线与高速 CAN 总线的信息传输方式相同，也是通过两个逻辑状态来实现。低速 CAN 总线正常信号波形如图 3-31 所示，CAN-H 线的隐性电压值大约为 0V（逻辑值为 1），CAN-H 线的显性电压值大约为 4V（逻辑值为 0）；CAN-L 线的隐性电压值大约为 5V（逻辑值为 1），CAN-L 线的显性电压值大约 1V（逻辑值为 0），其 CAN-H 线和 CAN-L 线的电压、电位关系见表 3-4。

在差动信号放大器内 CAN-H 线信号电压"减去"CAN-L 线信号电压，隐性电平为 -5V，显性电平大于或等于 2.2V。低速 CAN 总线的隐性电平和显性电平之间的电压变化（电压提升）大于或等于 7.2V。

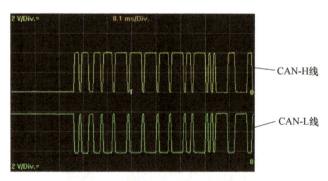

图 3-31　低速 CAN 总线正常信号波形

表 3-4　低速 CAN 总线 CAN-H 线和 CAN-L 线的电压、电位关系

逻辑电位	CAN-H 线电压	CAN-L 线电压	电压差
显性（0）	4V	1V	3V
隐性（1）	0V	5V	-5V

（4）低速 CAN 总线的单线工作模式　如果因短路、断路或与蓄电池电源相连而导致两条 CAN 导线中的一条不工作，即切换到单线工作模式。在单线工作模式下，只使用完好的 CAN 导线中的信号，保证连接在低速 CAN 总线上的所有控制单元能够正常传输和接收信息。但系统会生成一个故障信息，通知各个控制单元，总线处于单线工作模式。低速 CAN 总线处于单线工作模式下的信号波形如图 3-32 所示。

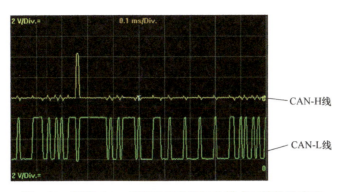

图 3-32　低速 CAN 总线处于单线工作模式下的信号波形

3. 网关及数据诊断总线

（1）网关

1）网关的作用。由于电压电平和电阻配置不同，所以高速 CAN 总线和低速 CAN 总线之间无法进行耦合连接。另外，不同区域 CAN 总线的速率和识别代号不同，因此一个信号要从一个总线进入到另一个总线区域，必须把它的识别信号和速率进行改变，能够让另一个系统接收，这个任务由网关来完成。除此之外，网关还可以在不改变数据的情况下，将各个区域总线的诊断信息传递到诊断接口。

根据车辆的不同，网关的安装位置也不同，在大众车系中，它可能安装在组合仪表内、车上供电控制单元内或者是独立的网关控制单元。例如大众迈腾 B8 的网关采用独立的网关控制单元，安装在仪表板下方，大众迈腾 B8 网关安装位置如图 3-33 所示。

2）网关工作原理。网关工作原理如图 3-34 所示，可以用旅客在火车站换车的过程来说明，站台 A 到达一列高铁（高速 CAN 总线，速率为 500kbit/s），车上有数百名旅客。在站台 B 有一列普通快车（低速 CAN 总线，速率为 100kbit/s）在车站已经等待，有一些乘客需要换乘这列普通快车，有一些乘客需要换乘高铁继续旅行，而往往乘客从列车下来后需要在车站或站台等待相应的车次，这相当于网关的信息缓冲作用。

扫一扫

网关的工作原理

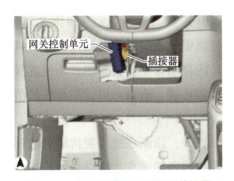

图 3-33　大众迈腾 B8 网关安装位置

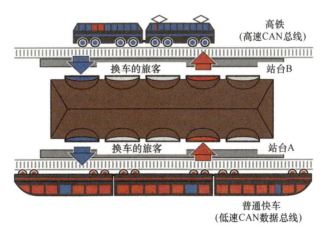

图 3-34　网关工作原理

车站或站台的换乘功能（即让旅客换车，以便旅客能通过速度不同的交通工具到达各自目的地的功能），恰好与高速 CAN 总线和低速 CAN 总线两个总线系统网络的网关功能一致，网关能实现速率不同的网络系统之间进行信息交换。

3)点火供电的延迟功能。驱动总线(高速 CAN 总线)系统在 15 号电(点火供电)关闭后一段时间内,有些控制单元仍然需要交换信息,因此,在控制单元内部,用 30 号电(蓄电池常供电)延迟控制单元内的 15 号电,保证断电后,信息的正常传递。延迟功能的时间在 10s~15min 之间。

4)睡眠和唤醒模式的监控。当舒适和信息娱乐总线(低速 CAN 总线)处于空闲状态时,控制单元发送出睡眠指令。当网关监控到所有总线都有睡眠的要求时,进入睡眠模式。此时总线电压:CAN-H 线为 0V;CAN-L 线为 12V。也就是说,如果驱动总线仍处于信息传递过程中,舒适和娱乐信息总线是不允许进入睡眠状态的,当舒适总线处于信息传递的过程,娱乐和信息总线也不允许进入睡眠模式。当处于睡眠模式时,如果某一信息激活相应的总线,网关会唤醒其他的总线系统。睡眠与唤醒模式的监控如图 3-35 所示。

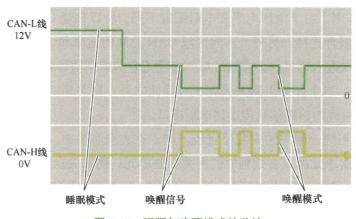

图 3-35 睡眠与唤醒模式的监控

5)运输模式。在商品车运输到经销商处之前,为了防止蓄电池过多放电,应当使车辆的耗能达到最小,因此有些功能(如收音机、遥控功能、内部照明灯、防盗指示灯、驻车加热等)将被关闭。运输模式在运输路程低于 150km 时,可以用网关来进行切换,当运输路程高于 150km 时,系统自动关闭运输模式。经销商在将车辆销售给客户前,必须使用车辆诊断仪来关闭运输模式功能。

(2)数据诊断总线

1)数据诊断 CAN 总线。2000 年以前,大众车系使用 K 数据诊断总线(简称 K 线)传输故障信息。K 数据诊断总线用于汽车诊断仪与相应控制单元之间的信息交换,负责网关与故障诊断接口之间的通信。故障信息存储在控制单元的存储器中,将车辆诊断仪连接到诊断接口上,也就实现了车辆诊断仪与 K 数据诊断总线的连接,进而可以读取相应的故障信息并进行故障诊断与分析。

但随着汽车技术的不断进步,车辆上的控制单元越来越多,诊断系统需要传输的数据也越来越多,K 数据诊断总线已经无法满足信息传输流量和速率的需求,所以早期使用的数据诊断总线(K 线或 L 线)由数据诊断 CAN 总线取而代之。

数据诊断 CAN 总线也是采用的双绞线,其横截面面积为 0.35mm²。CAN-H 导线的颜色为橙褐色,CAN-L 导线的颜色为橙紫色。数据诊断 CAN 总线可以双向同时传输数据,数据传输速率为 500kbit/s。

如图3-36所示，各控制单元的诊断数据经各自的数据总线传输到网关，再由网关利用数据诊断CAN总线传输到诊断接口。通过数据诊断CAN总线和网关的快速数据传输，车辆诊断仪就可以在连接到车上后快速显示出车上所有控制单元的故障信息及相关数据。

2）诊断接口。随着数据诊断CAN总线的广泛使用，车辆上的诊断接口也进行了改进。诊断接口的针脚布置如图3-37所示，有些改进后的诊断接口仍然保留了K线和L线的针脚，

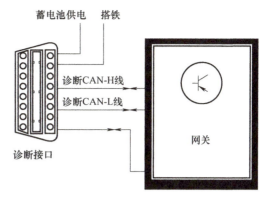

图3-36 诊断数据经网关利用数据诊断CAN总线传输到诊断接口

扫一扫

诊断接口的位置及针脚含义

以确保系统的向下兼容功能，但也有些车型直接取消了K线和L线的针脚。诊断接口的针脚用途见表3-5。

采用数据诊断CAN总线和新型诊断接口之后，除了需要对车辆诊断仪进行软件升级外，还需要使用新的诊断连接导线，诊断连接导线如图3-38所示。

图3-37 诊断接口的针脚布置

图3-38 诊断连接导线

表3-5 诊断接口的针脚用途

诊断接口针脚号	导线	诊断接口针脚号	导线
1	点火供电	7	K线
2、3	暂未使用	8~13	暂未使用
4	搭铁	14	诊断CAN-L线
5	搭铁	15	L线
6	诊断CAN-H线	16	蓄电池常供电

> **情智链接**

高速CAN总线和低速CAN总线这两个速率完全不同的网络系统之间如果要进行信息交换，看起来是不可能的事情，但是网关的存在，便很好地解决了这个问题。同样，当我们在日常学习、生活、工作中面对一些困难、挫折，或者遇到被认为是不可实现的事情时，不要气馁，要坚定信念，灵活一些，学会变通，也许换个角度去看问题，就能找到合理的解决办法。

（二）任务计划与实施

➤ **引导问题1：** 高速CAN总线中可以使用示波器（DSO）测量的故障类型分为CAN-H线与CAN-L线之间相互短路、_____、CAN-H线对搭铁短路、CAN-L线

对正极短路、_____、CAN-H 线断路、_____、CAN-H 线与 CAN-L 线装混等。

➤ **引导问题 2**：高速 CAN 总线故障波形实例 1 如图 3-39 所示，请分析判断此波形为_____故障，并简要说明诊断思路与检修方法。

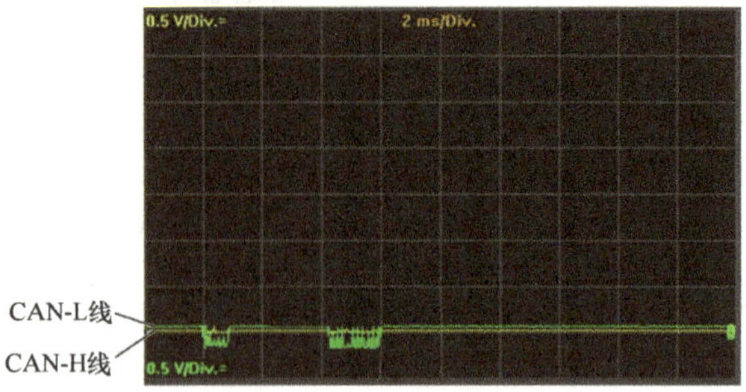

图 3-39　高速 CAN 总线故障波形实例 1

诊断思路：_____。

检修方法：_____。

➤ **引导问题 3**：高速 CAN 总线故障波形实例 2 如图 3-40 所示，请分析判断此波形为_____故障，并简要说明诊断思路与检修方法。

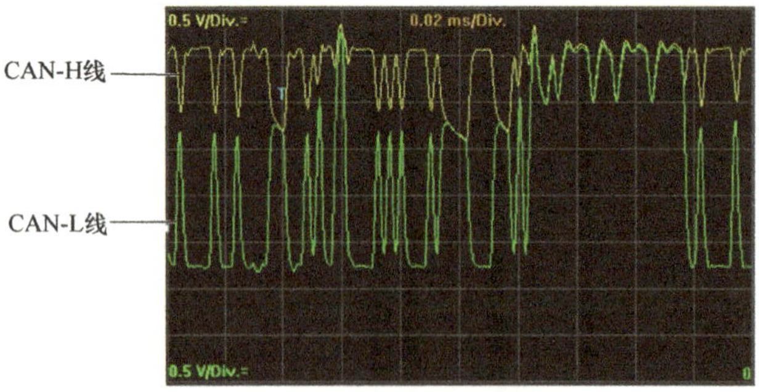

图 3-40　高速 CAN 总线故障波形实例 2

诊断思路：_____。

检修方法：_____。

➤ **引导问题 4**：用示波器在实训车辆中测量高速 CAN 总线的正常信号波形，并将波形图记录。

小提示

1. 注意故障诊断分析思维模式的养成。
2. 在日常工作过程中应正确选用并使用工具，按照维修手册要求进行诊断与维修，养成严肃认真、精益求精的工作态度。

任务技能点1： 高速 CAN 总线常见故障类型及故障波形分析

1. 准备工作

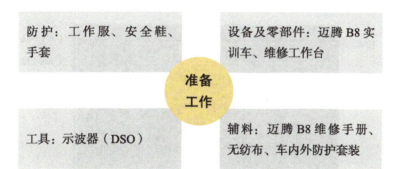

扫一扫

高速 CAN 总线常见故障类型及故障波形分析

2. 高速 CAN 总线常见故障类型及故障波形分析

高速 CAN 总线中可以使用示波器（DSO）测量的故障类型分为 CAN-H 线与 CAN-L 线之间相互短路、CAN-H 线对正极短路、CAN-H 线搭铁短路、CAN-L 线对正极短路、CAN-L 线搭铁短路、CAN-H 线断路、CAN-L 线断路、CAN-H 线与 CAN-L 线装混等。

使用示波器（DSO）测量 CAN 总线信号波形，并对故障波形进行分析，可以帮助维修技师缩小故障排查范围，确定故障点的位置以及明确故障发生的原因。在示波器设置中，往往习惯用通道 A 测量 CAN-H 线信号波形，用通道 B 测量 CAN-L 线信号波形。

（1）CAN-H 线与 CAN-L 线之间相互短路 CAN-H 线与 CAN-L 线之间相互短路的故障波形如图 3-41 所示，CAN-H 线信号波形与 CAN-L 线信号波形基本相同，信号电压位于隐性电压值（2.5V 左右）。

如果发生 CAN-H 线和 CAN-L 线之间互相短路的故障，可以通过插拔高速 CAN 总线上的控制单元，来判断是由于控制单元内部短路引起的故障，还是由 CAN-H 线和 CAN-L 线连接引起的短路。如果是由于 CAN-H 线与 CAN-L 线之间相互短路引起的故障，需要将 CAN 线组（CAN-H 线和 CAN-L 线）从总线节点处依次拔取，同时注意示波器波形图，当故障线组被拔取后，示波器波形会恢复为正常波形。

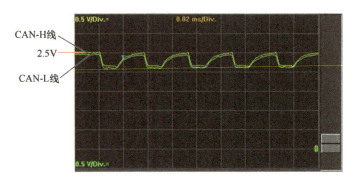

图 3-41　CAN-H 线与 CAN-L 线之间相互短路的故障波形

（2）CAN-H 线对正极短路　CAN-H 线对正极短路的故障波形如图 3-42 所示，CAN-H 线信号电压被置于 12V，CAN-L 线信号的隐性电压被置于 12V 左右，显性电压在 8V 左右。这是由于控制单元收发器内的 CAN-H 线和电源正极（12V 常电）连接造成的。

当发生 CAN-H 线对正极短路故障时，也可以通过插拔高速 CAN 总线上的控制单元，对故障点 / 位置进行判断。如果是由于 CAN-H 线对正极短路引起的故障，需要将 CAN 线组（CAN-H 线和 CAN-L 线）从总线节点处依次拔取，同时注意示波器波形图，当故障线组被拔取后，示波器波形会恢复为正常波形。

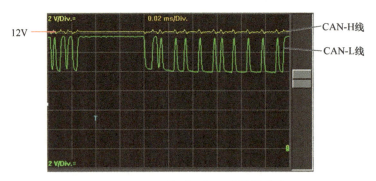

图 3-42　CAN-H 线对正极短路的故障波形

（3）CAN-H 线搭铁短路　CAN-H 线搭铁短路的故障波形如图 3-43 所示，CAN-H 线信号电压为 0V，CAN-L 线信号电压也位于 0V，但在 CAN-L 线信号上还可以看到一小部分的电压变化。

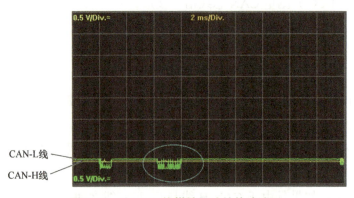

图 3-43　CAN-H 线搭铁短路的故障波形

当发生 CAN-H 线对搭铁短路故障时，也可以通过插拔高速 CAN 总线上的控制单元，对故障点/位置进行判断。如果是由于 CAN-H 线搭铁短路引起的故障，需要将 CAN 线组（CAN-H 线和 CAN-L 线）从总线节点处依次拔取，同时注意示波器波形图，当故障线组被拔取后，示波器波形会恢复为正常波形。

（4）CAN-L 线对正极短路　CAN-L 线对正极短路的故障波形如图 3-44 所示，CAN-H 线和 CAN-L 线信号电压都在 12V 左右。

当发生 CAN-L 线对正极短路故障时，也可以通过插拔高速 CAN 总线上的控制单元，对故障点/位置进行判断。如果是由于 CAN-L 线对正极短路引起的故障，需要将 CAN 线组（CAN-H 线和 CAN-L 线）从总线节点处依次拔取，同时注意示波器波形图，当故障线组被拔取后，示波器波形会恢复为正常波形。

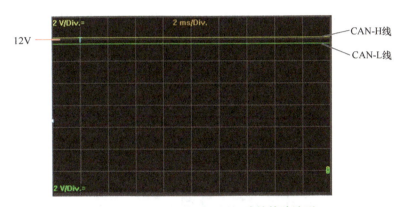

图 3-44　CAN-L 线对正极短路的故障波形

（5）CAN-L 线搭铁短路　CAN-L 线搭铁短路的故障波形如图 3-45 所示，CAN-L 线信号的电压大约 0V，CAN-H 线信号的隐性电压也降低至 0V 左右，显性电压为 3V 左右。

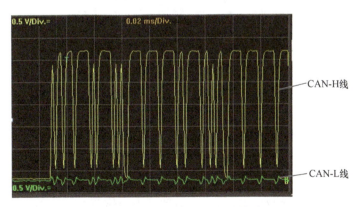

图 3-45　CAN-L 线搭铁短路的故障波形

当发生 CAN-L 线塔铁短路故障时，也可以通过插拔高速 CAN 总线上的控制单元，对故障点/位置进行判断。如果是由于 CAN-L 线搭铁短路引起的故障，需要将 CAN 线组（CAN-H 线和 CAN-L 线）从总线节点处依次拔取，同时注意示波器波形图，当故障线组被拔取后，示波器波形会恢复为正常波形。

（6）CAN-H 线断路　CAN-H 线断路的故障波形如图 3-46 所示，CAN-H 线信号波动幅度较大且无规律，CAN-L 线信号波形受 CAN-H 线故障影响也不正常，信号波动幅度不大且无规律。

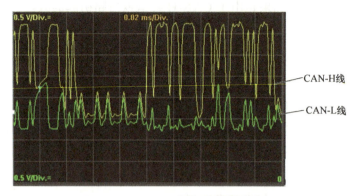

图 3-46　CAN-H 线断路的故障波形

当发生 CAN-H 线断路故障时，相应区域的高速 CAN 总线无法正常工作，可以通过插拔高速 CAN 总线上的控制单元，对故障点/位置进行判断。如果是由于 CAN-H 线断路引起的故障，需要将 CAN 线组（CAN-H 线和 CAN-L 线）从总线节点处依次拔取，同时注意示波器波形图，当故障线组被拔取后，示波器波形会恢复为正常波形。

（7）CAN-L 线断路　CAN-L 线断路的故障波形如图 3-47 所示，CAN-L 线信号波动幅度较大且无规律，CAN-H 线信号波形受 CAN-L 线故障影响也不正常，信号波动幅度不大且无规律。

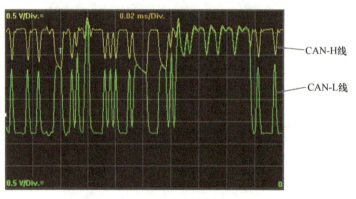

图 3-47　CAN-L 线断路的故障波形

当发生 CAN-L 线断路故障时，相应区域的高速 CAN 总线无法正常工作，可以通过插拔高速 CAN 总线上的控制单元，对故障点/位置进行判断。如果是由于 CAN-L 线断路引起的故障，需要将 CAN 线组（CAN-H 线和 CAN-L 线）从总线节点处依次拔取，同时注意示波器波形图，当故障线组被拔取后，示波器波形会恢复为正常波形。

（8）CAN-H 线与 CAN-L 线装混　CAN-H 线与 CAN-L 线装混的故障波形如图 3-48 所示，CAN-L 线上会出现一条高于 2.5V（静电平）的电压波形曲线，CAN-H 线上也同时会出现一条低于 2.5V（静电平）的电压波形曲线。

当一个控制单元或一组控制单元的 CAN-H 线与 CAN-L 线装混时，不一定马上能在示波器上看出信号波形有什么差别。出现差别的频率可能非常低，以至于经过很长时间也不会显示出来，但控制单元无法进行数据交换，当该过程累积多了就会出现"故障帧"，生成故障信息。如果发生 CAN-H 线与 CAN-L 线装混的故障时，可以按照电路图仔细测量无法进行通信的控制单元和可以通信的控制单元之间的导线，故障肯定就在这两个控制单元之间。

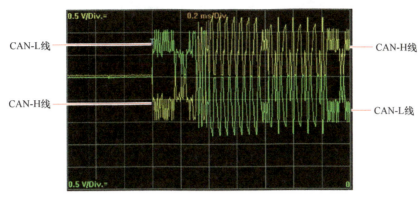

图 3-48　CAN-H 线与 CAN-L 线装混的故障波形

3. 注意事项

1）在分析高速 CAN 总线常见故障类型时，要善于观察细节，注重正确的故障诊断分析思路的培养。

2）从总线节点处拔取 CAN 线组（CAN-H 线和 CAN-L 线）时，切记要依次拔取，依次安装，不要装混。

> 引导问题 5：低速 CAN 总线中可以使用示波器（DSO）测量的故障类型分为 CAN-H 线与 CAN-L 线之间相互短路、_____、_____、CAN-H 线对搭铁短路、CAN-L 线对正极短路、_____、CAN-H 线断路、_____、CAN-H 线对正极通过连接电阻短路、_____、CAN-L 线通过连接电阻对搭铁短路、_____等。

> 引导问题 6：低速 CAN 总线故障波形实例 1 如图 3-49 所示，请分析判断此波形为_____故障，并简要说明诊断思路与检修方法。

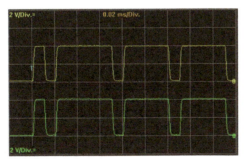

图 3-49　低速 CAN 总线故障波形实例 1

诊断思路：_____

_____。

检修方法：_____

_____。

> 引导问题 7：低速 CAN 总线故障波形实例 2 如图 3-50 所示，请分析判断此波形为_____故障，并简要说明诊断思路与检修方法。

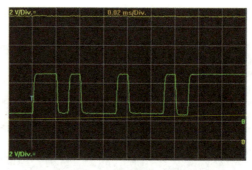

图 3-50　低速 CAN 总线故障波形实例 2

诊断思路：_____

_____。

检修方法：_____

_____

_____。

➢ **引导问题 8：** 用示波器在实训车辆中测量低速 CAN 总线的正常信号波形，并将波形图记录下来。

小提示

1. 注意故障诊断分析思维模式的养成。

2. 在日常工作过程中应正确选用并使用工具，按照维修手册要求进行诊断与维修，养成严肃认真、精益求精的工作态度。

扫一扫

低速 CAN 总线的信号波形实际操作

任务技能点 2：低速 CAN 总线常见故障类型及故障波形分析

1. 准备工作

防护：工作服、安全鞋、手套

设备及零部件：迈腾 B8 实训车、维修工作台

准备工作

工具：示波器（DSO）

辅料：迈腾 B8 维修手册、无纺布、车内外防护套装

2. 低速 CAN 总线常见故障类型及故障波形分析

低速 CAN 总线中可以使用示波器（DSO）测量的故障类型分为 CAN-H 线与 CAN-L 线之间相互短路、CAN-H 线与 CAN-L 线之间通过连接电阻短路、CAN-H 线对正极短路、CAN-H 线对搭铁短路、CAN-L 线对正极短路、CAN-L 线对搭铁短路、CAN-L 线断路、CAN-H 线断路、CAN-H 线对正极通过连接电阻短路、CAN-H 线通过连接电阻对搭铁短路、CAN-L 线对正极通过连接电阻短路、CAN-L 线通过连接电阻对搭铁短路等。

使用示波器（DSO）测量 CAN 总线信号波形，并对故障波形进行分析，可以帮助维修技师缩小故障排查范围，确定故障点的位置以及明确故障发生的原因。在示波器设置中，往往习惯用通道 A 测量 CAN-H 线信号波形，用通道 B 测量 CAN-L 线信号波形。

（1）CAN-H 线与 CAN-L 线之间相互短路　CAN-H 线与 CAN-L 线之间相互短路的故障波形如图 3-51 所示，CAN-H 线信号波形与 CAN-L 线信号波形基本一致。CAN-H 线与 CAN-L 线之间的短路故障影响整个低速 CAN 总线的工作，低速 CAN 总线会因此而转变为单线工作模式。

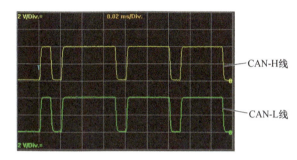

图 3-51　CAN-H 线与 CAN-L 线之间相互短路的故障波形

此时，通信过程中，只有一条线路的信号波形起作用，控制单元利用该信号波形确定传输的数据内容。

（2）CAN-H 线与 CAN-L 线之间通过连接电阻短路　CAN-H 线与 CAN-L 线之间通过连接电阻短路的故障波形如图 3-52 所示，CAN-H 线与 CAN-L 线信号显性电压均正常，但 CAN-H 线和 CAN-L 线信号隐性电压电位相互靠近，CAN-H 线信号隐性电压大约为 1V（正常值为 0V），CAN-L 线信号隐性电压大约为 4V（正常值为 5V）。CAN-H 线与 CAN-L 线隐性电压电位变化受连接电阻阻值大小影响。

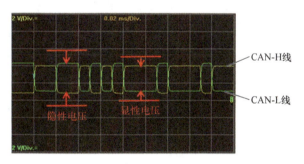

图 3-52　CAN-H 线与 CAN-L 线之间通过连接电阻短路的故障波形

（3）CAN-H 线对正极短路　CAN-H 线对正极短路的故障波形如图 3-53 所示，CAN-H 线信号电压大约为 12V 或为蓄电池电压，CAN-L 线信号波形为正常。在该故障情况下，低速 CAN 总线转变为单线工作模式。

（4）CAN-H 线对搭铁短路　CAN-H 线对搭铁短路的故障波形如图 3-54 所示，CAN-H 线电压为 0V，CAN-L 线信号波形为正常。在该故障情况下，

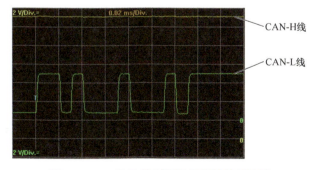

图 3-53　CAN-H 线对正极短路的故障波形

低速 CAN 总线转变为单线工作模式。

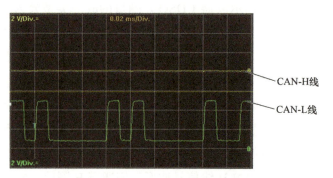

图 3-54　CAN-H 线对搭铁短路的故障波形

（5）CAN-L 线对正极短路　CAN-L 线对正极短路的故障波形如图 3-55 所示，CAN-L 线信号电压大约为 12V 或为蓄电池电压，CAN-H 线信号波形为正常。在该故障情况下，低速 CAN 总线转变为单线工作模式。

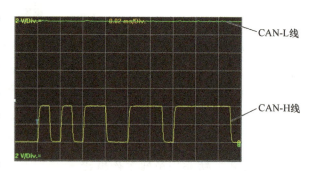

图 3-55　CAN-L 线对正极短路的故障波形

（6）CAN-L 线对搭铁短路　CAN-L 线对搭铁短路的故障波形如图 3-56 所示，CAN-L 线电压为 0V，CAN-H 线信号波形为正常。在该故障情况下，低速 CAN 总线转变为单线工作模式。

（7）CAN-L 线断路　CAN-L 线断路的故障波形如图 3-57 所示，CAN-H 线信号波形为正常波形，CAN-L 线信号电压为 5V 的隐性电压电位和一个比特长的 1V 显性电压电位，即当信息内容

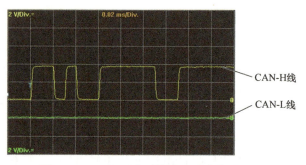

图 3-56　CAN-L 线对搭铁短路的故障波形

被正确接收后，接收控制单元发送这个显性电压作为应答。图中"1"部分是某控制单元发送的信息，接收控制单元在"2"时刻接收正确的信息内容后，就用一个显性电压作为应答。因为在"2"时刻有多个控制单元同时收到正确信息，这些控制单元又都同时发送一个显性电压为应答，因此，该位置的电压要大一些。

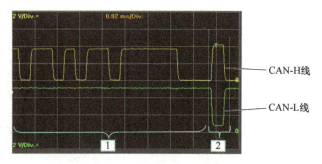

图 3-57　CAN-L 线断路的故障波形

84

用较大的时间单位值（由 0.02ms/Div 变为 0.5ms/Div）显示上面同一个故障，故障波形如图 3-58 所示。这里可以看出来，信息"A"仅在 CAN-H 线上被发送，但是在 CAN-L 线上的"1"处也给予确认答复。同样，信息"B"在 CAN-H 线上被发送，在 CAN-L 线上"2"处给予答复。信息"C"在 CAH-H 线和 CAN-L 线两条线被发送，CAN-L 线显示信息"3"的电压电位。信息"D"在 CAN-H 线上被发送，在 CAN-L 线上的"4"处给予答复。故此说明控制单元"1""2""4"为单线工作模式，控制单元"3"为双线工作模式。

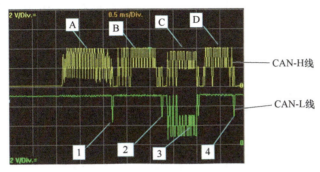

图 3-58　0.5ms/Div 时间单位下 CAN-L 线断路的故障波形

低速 CAN 部分控制单元连接如图 3-59 所示，1 号控制单元发送一条信息，因为电路断路，所以其他的控制单元仅能够单线接收。通过对 4 号控制单元连接测量，DSO 显示 1 号控制单元的发送为单线工作。2、3、4、5 和 6 号控制单元对接收给予确认答复，在 DSO 的两个通道上都有显示，这说明这些控制单元之间没有电路断路的情况。例如：2 号控制单元发送一个信息，所有控制单元接收该信息，该信息被双线工作传送，1 号控制单元单线接收，则可判断 1 号控制单元有断路情况。

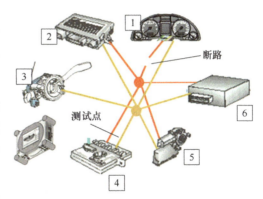

图 3-59　低速 CAN 部分控制单元连接

（8）CAN-H 线断路　CAN-H 线断路的故障波形如图 3-60 所示，CAN-L 线信号波形为正常波形，CAN-H 线信号电压长时间保持在 0V，但偶尔有变化。其分析过程与 CAN-L 线断路一致。

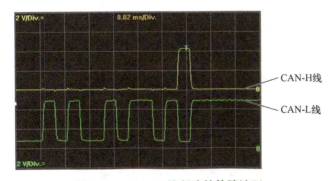

图 3-60　CAN-H 线断路的故障波形

（9）CAN-H 线对正极通过连接电阻短路　前面介绍的短路都是没有电阻连接的直接

电路短路,而在实际工作中经常出现由于破损的线束导致的短路。破损的线束靠近搭铁或者正极,经常还带有潮气,这使该处产生连接电阻。下面分析有连接电阻情况下的短路故障(俗称为虚接短路)

CAN-H 线对正极通过连接电阻短路的故障波形如图 3-61 所示,CAN-L 线信号波形为正常波形,CAN-H 线的隐性电压会被拉向电源正极方向,电压大约为 1.8V(正常值大约为 0V),该电压是由于连接电阻引起的。同时,隐性电压的数值受连接电阻阻值大小影响,电阻值越大,隐性电压值越小,相反亦然。若在没有连接电阻时短路,CAN-H 线的隐性电压值应该是蓄电池电压。

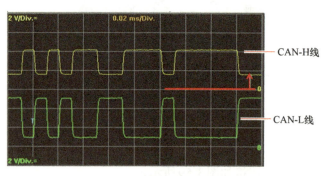

图 3-61　CAN-H 线对正极通过连接电阻短路的故障波形

(10) CAN-H 线通过连接电阻对搭铁短路　CAN-H 线通过连接电阻对搭铁短路的故障波形如图 3-62 所示,CAN-L 线信号波形为正常波形,CAN-H 线的显性电压向对搭铁(0V)方向移动。在图中可以看出,CAN-H 线显性电压大约为 1V(正常为 4V),CAN-H 线显性电压受连接电阻阻值

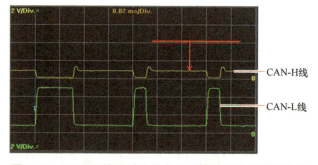

图 3-62　CAN-H 线通过连接电阻对搭铁短路的故障波形

影响,连接电阻阻值越小,显性电压值越小。若在没有连接电阻的情况下短路,CAN-H 线显性电压值应该为 0V。

(11) CAN-L 线对正极通过连接电阻短路　CAN-L 线对正极通过连接电阻短路的故障波形如图 3-63 所示,CAN-H 线信号波形为正常波形,CAN-L 线显性电压值正常,隐性电压向正极方向移动,电压大约在 13V(正常值大约为 5V),CAN-L 线隐性电压值受连接电阻阻值的影响,连接电阻值越小,隐性电压值越大。若在没有连接电阻的情况下短路,CAN-L 线隐性电压值为蓄电池电压值。

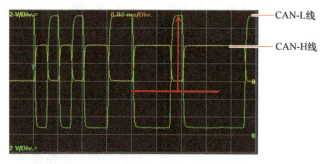

图 3-63　CAN-L 线对正极通过连接电阻短路的故障波形

（12）CAN-L 线通过连接电阻对搭铁短路　CAN-L 线通过连接电阻对搭铁短路的故障波形如图 3-64 所示，CAN-H 线信号波形为正常波形，CAN-L 线显性电压值正常，隐性电压向接搭铁电压（0V）方向移动，电压值大约为 3V（正常值大约为 5V），CAN-L 线隐性电压值受连接电阻阻值的影响，连接电阻阻值越小，隐性电压值越小。若在没有连接电阻情况下短路，CAN-L 线隐性电压值应为 0V。

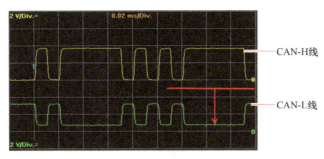

图 3-64　CAN-L 线通过连接电阻对搭铁短路的故障波形

3. 注意事项

1）在分析低速 CAN 总线常见故障类型时，要善于观察细节，注重正确的故障诊断分析思路的培养。

2）从总线节点处拔取 CAN 线组（CAN-H 线和 CAN-L 线）时，切记要依次拔取，依次安装，不要装混。

> 引导问题 9：针对实训车辆的总线故障，分析故障原因，并制订相应的诊断维修计划。

> 引导问题 10：针对故障车辆实施诊断计划，将测量数据记录下来，并确定故障原因，给出维修意见并实施维修。

> **小提示**
>
> 1. 注意故障诊断分析思维模式的养成。
> 2. 在日常工作过程中应正确选用并使用工具，按照维修手册要求进行诊断与维修，养成严肃认真、精益求精的工作态度。

任务技能点 3： CAN 的故障检修实例

1. 准备工作

扫一扫

CAN 总线故障检修实际操作

准备工作：
- 防护：工作服、安全鞋、手套
- 设备及零部件：迈腾 B8 实训车、维修工作台
- 工具：万用表、诊断仪、示波器（DSO）
- 辅料：迈腾 B8 维修手册、无纺布、车内外防护套装

2. CAN 总线故障检修说明

一辆 2018 款一汽大众迈腾 B8 380TSI 轿车，装载 DQ380 型双离合变速器，车主在使用过程中发现副驾驶侧车门无法正常上锁，车窗玻璃无法正常升降，但通过车门把手车门传感器能正常解锁车门锁。

（1）功能性检查，确认故障现象　操作主驾驶侧车窗玻璃及后视镜按钮，驾驶侧车窗玻璃能够正常升降，左侧后视镜能正常调节和折叠，左后车窗玻璃也可以正常升降，但副驾驶侧及右后车窗玻璃被控制，右侧后视镜无法调节和折叠。操作副驾驶侧车窗玻璃升降器按钮，无法控制副驾驶侧车窗玻璃升降。操作右后车窗玻璃升降器按钮，无法控制右后车窗玻璃升降。

操作中央门锁按钮，驾驶侧及左后车门门锁能够正常上锁和解锁，但副驾驶侧及右后车门门锁无法被控制，并且打开副驾驶侧和右后车门任一车门，其车门警告灯均不点亮。

（2）连接车载诊断仪读取故障码　连接车载诊断仪读取的故障码，如图 3-65 所示，系统显示故障码为"131659"，故障描述为"乘客侧车门控制单元无通信"（乘客侧即副驾驶侧），故障状态为"主动的/静态的"。

图 3-65　读取的故障码

（3）查询、分析车门系统电路控制原理　根据故障现象初步判断为迈腾 B8 舒适系统故障，迈腾 B8 舒适系统包括车窗玻璃升降系统、车门门锁系统、电动后视镜系统、自动空调系统等。迈腾 B8 轿车的每个车门都由独立的控制单元通过车载网络接收相关信息，从而实现各车门的功能控制。驾驶侧和副驾驶侧车门控制单元分别为 J386 和 J387，通

过 CAN 总线通信；左后和右后车门控制单元分别为 J388 和 J389，后门控制单元通过 LIN 总线独立与驾驶侧和副驾驶侧车门控制单元通信，后门各功能只受控于前门传递的指令，车门系统控制网络拓扑图如图 3-66 所示。

通过迈腾 B8 电路图，可查询副驾驶侧及右后车门控制相关电路。副驾驶侧车门控制单元及车窗玻璃升降器电动机控制电路如图 3-67 所示，副驾驶侧车窗玻璃升降器开关、车门闭锁单元及车门警告灯控制电路如图 3-68 所示，

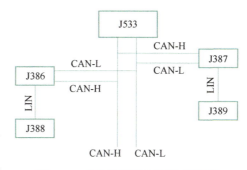

图 3-66 车门系统控制网络拓扑图

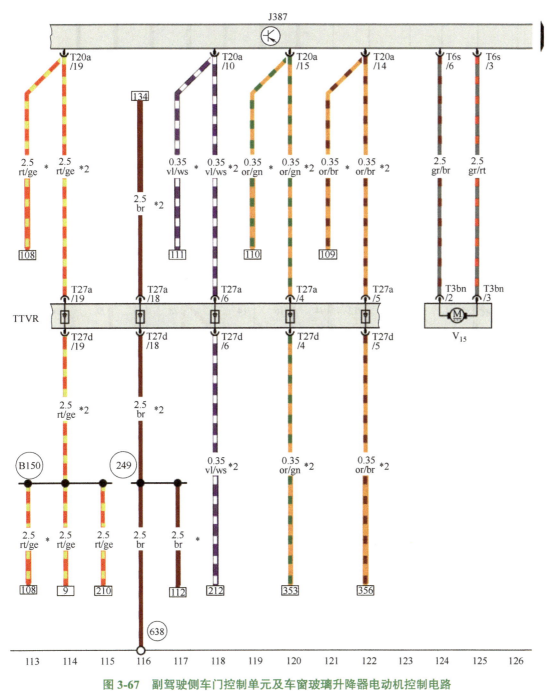

图 3-67 副驾驶侧车门控制单元及车窗玻璃升降器电动机控制电路

副驾驶侧车外后视镜的折叠电动机控制电路图如图 3-69 所示，右后车门控制单元及车窗玻璃升降器电动机控制电路如图 3-70 所示，右后车门闭锁单元控制电路如图 3-71 所示，右后车窗玻璃升降器开关及车门警告灯控制电路如图 3-72 所示。

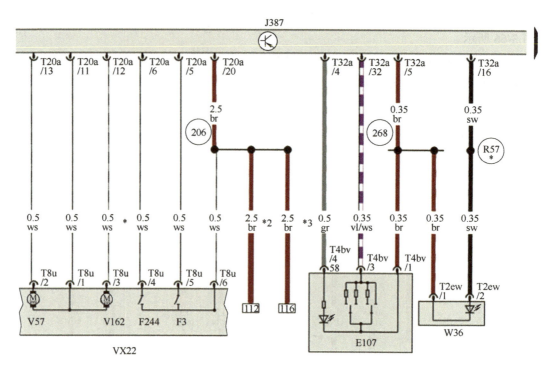

图 3-68 副驾驶侧车窗玻璃升降器开关、车门闭锁单元及车门警告灯控制电路

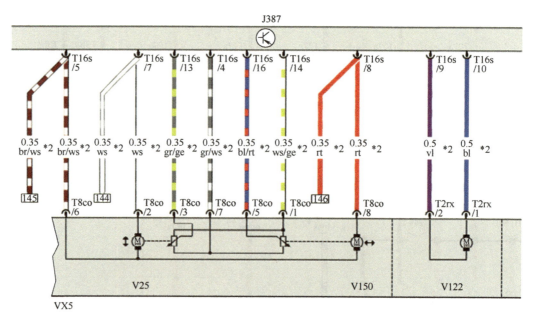

图 3-69 副驾驶侧车外后视镜的折叠电动机控制电路

分析以上电路图可以发现，副驾驶侧车门控制单元 J387 的插接器 T20a/14 针脚和 T20a/15 针脚为 CAN 总线针脚，经过右前车门连接位置 TTVR 的插接器 T27a/4 针脚和 T27a/5 针脚连接到舒适 CAN 总线上，主驾驶侧车窗及后视镜按钮状态信息传递给主驾驶侧车门控制单元 J386，主驾驶侧车门控制单元 J386 将该信息发送到舒适 CAN 总线上，副

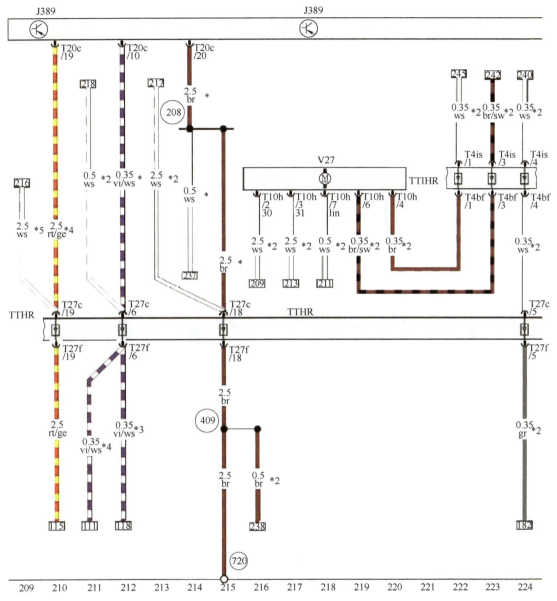

图 3-70 右后车门控制单元及车窗玻璃升降器电动机控制电路

驾驶侧车门控制单元 J387 就可以通过 CAN 总线收到主驾驶侧车窗及后视镜按钮状态信息，实现主驾驶车窗及后视镜按钮控制副驾驶侧和右后侧车门门锁、车窗以及后视镜的工作。插接器 T20a/19 针脚，经过右前车门连接位置 TTVR 的插接器 T27a/19 针脚与熔丝 SC39 连接，所以该针脚为副驾驶侧车门控制单元 J387 供电针脚。同时熔丝 SC39 也经过右后车门连接位置 TTHR 的插接器 T27c/19 针脚，连接右后车门控制单元 J389 的插接器 T20c/19 针脚，为右后车门控制单元 J389 供电。副驾驶侧车门控制单元 J387 的插接器 T20a/10 针脚为 LIN 总线针脚，经过右前车门连接位置 TTVR 和右后车门连接位置 TTHR 连接到右后车门控制单元 J389 的插接器 T20c/20 针脚，通过 LIN 总线实现 J387 和 J389 的数据通信。

副驾驶侧和右后侧车窗玻璃升降器电动机 V15、V27 以及车门警告灯 W36、W38 均是由各自车门控制单元负责供电和控制的，各车门上的车窗玻璃升降器开关状态信息直

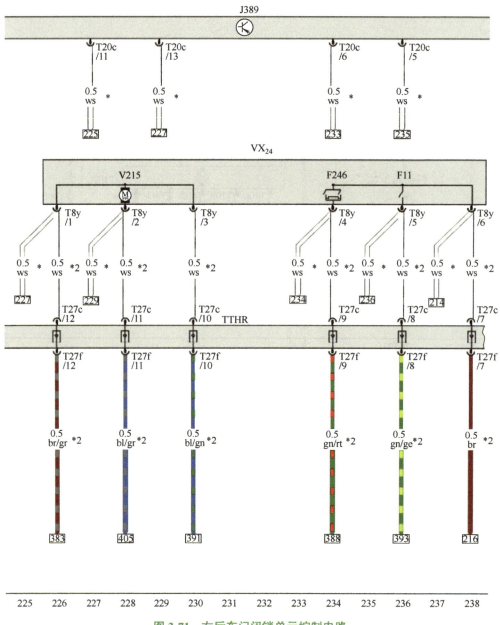

图 3-71 右后车门闭锁单元控制电路

接传递给各自车门控制单元,如副驾驶侧车窗玻璃升降器开关 E107 通过其插接器 T4bv/3 针脚输出开关状态信息,经插接器 T32a/32 针脚传递给副驾驶侧车门控制单元 J387。各车门闭锁单元及中央车门锁电动机也是由各自车门控制单元直接供电和控制,如副驾驶侧车门闭锁单元 VX22、中央门锁电动机 V57。副驾驶侧车外后视镜 VX5 中调节电动机 V25、V150 及内折叠电动机 V122 均是由副驾驶侧车门控制单元 J387 直接供电和控制的。

(4)**分析故障原因并确定测量范围** 根据功能性检查结果、读取的故障码以及相关电路和控制逻辑分析,初步判断故障可能原因有:J387 控制单元自身及供电搭铁故障;J387 通信故障;J533 自身局部故障;舒适 CAN 总线局部故障。

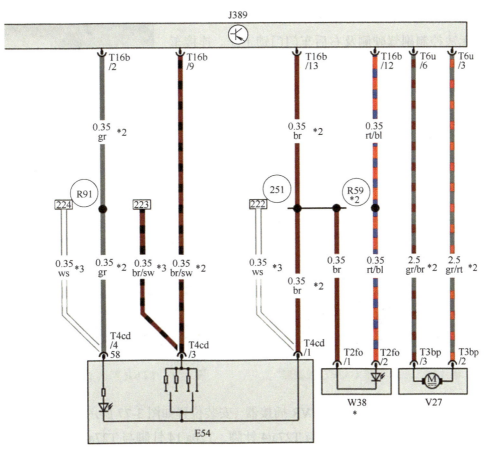

图 3-72　右后车窗玻璃升降器开关及车门警告灯控制电路

尤其是打开副驾驶侧和右后车门任一车门，其车门警告灯均不点亮这一故障现象，结合电路图发现 J387 和 J389 共用供电熔丝 SC39。其发生故障概率较大，且比较方便检查，熔丝 SC39 安装位置如图 3-73 所示。

如果熔丝 SC39 正常，则依据车载诊断仪读取的故障码：乘客（副驾驶）侧车门控制单元无通信，检查副驾驶侧车门控制单元 J387 的 CAN 总线信号，即测量 J387 的插接器 T20a/15 针脚和 T20a/14 针脚的信号波形。

（5）实施检测与维修　利用万用表测量熔丝 SC39 输入端电压为 13.04V，输出端电压为 0V（正常值应和输入端电压一致），如图 3-74 所示。

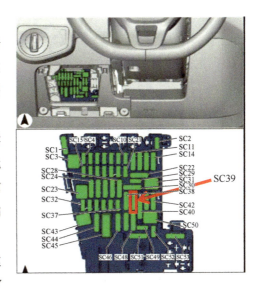

图 3-73　熔丝 SC39 安装位置

由于两端存在 +B 的电压差，所以关闭点火开关并拔下熔丝 SC39 测量其两端电阻值，测量值为无穷大，同时发现熔丝有烧蚀痕迹，判断熔丝 SC39 断路故障。

更换熔丝 SC39（30A）后，进行功能性检查，打开副驾驶侧和右后车门任一车门，其车门警告灯都能点亮，副驾驶侧及右后车门上的车窗玻璃升降器开关可以正常控制各自车窗玻璃升降。但主驾驶侧车窗玻璃升降器及后视镜按钮依然无法控制副驾驶侧及右后车窗玻璃升降，右侧车外后视镜依然无法调节和折叠，中央门锁也无法控制副驾驶侧及右后车门门锁工作。连接车载诊断仪清除故障码再读取，故障码依然存在。

利用示波器测量 J387 两端 CAN 总线波形，测量出的波形如图 3-75 所示，测量点为插接器 T20a/15 针脚和 T20a/14 针脚，测量 CAN 总线信号波形异常。进一步测量右前车门连接位置 TTVR 的插接器 T27a/4 针脚和 T27a/5 针脚两端波形，测量出的波形如图 3-76 所示，波形正常。

图 3-74　熔丝 SC39 两端电压值

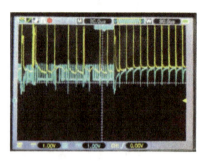

图 3-75　J387 两端 CAN 总线波形

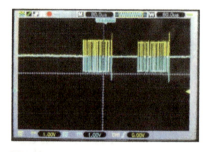

图 3-76　TTVR 两端 CAN 总线波形

关闭电源，断开连接位置 TTVR 插接器（安装位置如图 3-77 所示），分别使用万用表欧姆档测量插接器 T20a/15 针脚与 T27a/4 针脚、T20a/14 针脚与 T27a/5 针脚之间电阻值。经测量，T20a/15 针脚与 T27a/4 针脚之间电阻为无穷大，故此判断该段电路存在断路故障，进一步检查发现车门连接位置 TTVR 至 J387 端电路折断，线束故障位置如图 3-78 所示。

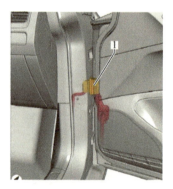

图 3-77　连接位置 TTVR 插接器安装位置

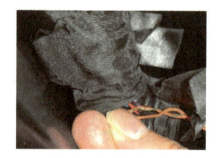

图 3-78　线束故障位置

修复损坏线束后，副驾驶侧及右后侧后车门各项功能均正常，右侧车外后视镜能正常调节和折叠，连接车载诊断仪清除故障码后再读取，显示无故障码，车辆恢复正常。

维修 CAN 总线线束时要注意，尽量使用专用的 CAN 总线维修导线，如果实在买不到，可以用普通的多芯汽车电线代替。

3. 注意事项

1）维修手册电路图的正确识读与分析。

2）在维修接点处，没有严格绞合的导线长度不允许超过 50mm，且两个维修接点之间的距离至少大于 100mm。CAN 总线导线维修要求如图 3-79 所示。

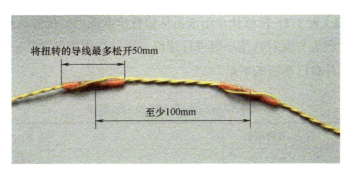

图 3-79 CAN 总线导线维修要求

（三）任务评价反馈

1. 小组自评表（表 3-6）能够让小组成员对各自的信息检索能力、任务认知程度、参与状态、学习方法和工作过程等方面进行评价，从记忆、领会、应用、分析、反馈全方位评估自己对知识的学习及掌握情况。

表 3-6 活动过程评价小组自评表

班级		组名		日期	
评价指标	评价要素			分值	分值评定
信息检索	能有效利用网络资源、工作手册查找有效信息；能用自己的语言有条理地去理解、表述所学知识；能将查找到的信息有效转换到工作中			10	
任务认知	能熟悉各自的工作岗位，认同工作价值；在工作中，能获得满足感			10	
参与状态	与教师、同学之间能相互尊重、理解、平等；与教师、同学之间能够保持多向、丰富、适宜的信息交流			10	
	探究学习、自主学习不流于形式，处理好合作学习和独立思考的关系，做到有效学习；能够提出有意义的问题或能发表个人见解；能按要求正确操作；能够倾听、协助、分享			10	
学习方法	工作计划、操作技能符合规范要求；能获得进一步发展的能力			10	
工作过程	遵守管理规程，操作过程符合现场管理要求；平时上课的出勤情况和每次完成学习任务情况良好；善于多角度思考问题，能主动发现、提出有价值的问题			15	
思维状态	能发现问题、提出问题、分析问题、解决问题			10	
自评反馈	按时按质完成学习任务；较好地掌握专业知识点；具有较强的信息分析能力和理解能力；具有较为全面严谨的思维能力并能条理清晰地表述成文			25	
	自评分值			100	
有益的经验和做法					
总结反思建议					

2. 小组互评表（表3-7）能够让小组成员从信息检索能力、任务认知程度、参与状态、学习方面和工作过程等方面对其他小组进行评价，通过互相评价环节，小组成员能学习其他小组的长处，弥补自己小组的不足。

表 3-7 活动过程评价小组互评表

班级		被评组名		日期	
评价指标	评价要素			分值	分值评定
信息检索	该组成员能有效利用网络资源、工作手册查找有效信息			5	
	该组成员能用自己的语言有条理地去理解、表述所学知识			5	
	该组成员能将查找到的信息有效转换到工作中			5	
任务认知	该组成员能熟悉各自的工作岗位，认同工作价值			5	
	该组成员在工作中，能获得满足感			5	
参与状态	该组成员与教师、同学之间能相互尊重、理解、平等			5	
	该组成员与教师、同学之间能够保持多向、丰富、适宜的信息交流			5	
	该组成员能处理好合作学习和独立思考的关系，做到有效学习			5	
	该组成员能提出有意义的问题或能发表个人见解，按要求正确操作，能够倾听、协助、分享			5	
	该组成员能积极参与学习任务，并在过程中提高综合运用信息技术的能力			5	
学习方法	该组工作计划、操作技能符合规范要求			5	
	该组成员能获得进一步发展的能力			5	
工作过程	该组成员能遵守管理规程，操作过程符合现场管理要求			5	
	该组成员平时上课的出勤情况和每次完成学习任务情况良好			10	
	该组成员善于多角度思考问题，能主动发现、提出有价值的问题			5	
思维状态	该组成员能发现问题、提出问题、分析问题、解决问题			10	
自评反馈	该组成员能严肃认真地对待自评，并能独立完成自测试题			10	
互评分值				100	
简要评述					

3. 教师评价表（表3-8）的内容主要包括对小组出勤状况的记录，以及对学生理想信念、道德品质、信息检索、任务认知、参与状态、学习方法、工作过程、思维状态等方面的评定，能够帮助学生更好地理解学习任务，促进对任务知识点、技能点的消化和吸收。

表 3-8 教师评价表

班级		组名		姓名		
出勤情况						
评价指标	评定要素				分值	分值评定
理想信念	有坚定的理想信念，热爱祖国				5	
	坚持正确的政治方向，积极向上				5	
	坚持社会主义核心价值观				5	
	在实操过程中体现劳动精神、工匠精神				5	
	具备良好的职业道德和环保意识				5	
道德品质	遵守公共场所的管理规定，自觉维护公共秩序和社会公德				5	
	在公共场所举止文雅，文明礼貌				5	
	爱护公物，保护公共设施				5	
	积极参加社会公益活动				5	
信息检索	能够顺利完成教师安排的任务，快速找到有效信息，并转化到工作中去				5	
任务认知	能够读懂文字的表达内容				5	
	能够满足岗位工作要求，掌握工作流程，熟悉注意事项				5	
参与状态	与教师、同学之间相互尊重、理解				4	
	能够做到独立思考、表达自己想法				4	
	能够按照要求正确操作，能够倾听对方表达的内容，乐于分享				4	
学习方法	能够根据工作内容的紧急情况合理制订计划				4	
	能够按要求完成工作计划，且操作符合规范				4	
工作过程	操作符合安全规定				5	
	操作符合流程规范				5	
	能协助他人完成工作				5	
思维状态	工作过程思维清晰，对工作结果能够正确预判，对其他相关工作有帮助				5	
师评分值					100	
综合评价						

三、任务拓展信息

典型CAN总线系统

1. 大众车系奥迪 A6 轿车 CAN 总线系统

20 世纪 90 年代中期，奥迪车系开始使用 CAN 总线系统。最早使用的 CAN 总线是舒适 CAN 总线，传输速率为 62.5kbit/s，随后是动力 CAN 总线，传输速率为 500kbit/s。

（1）动力 CAN 总线　奥迪 A6 轿车动力 CAN 总线连接发动机控制单元、变速器控制单元、电子稳定程序（ESP）控制单元、安全气囊控制单元、电子驻车制动控制单元、前照灯照程调节系统控制单元等。奥迪 A6 轿车动力 CAN 总线各控制单元在车上的安装位置如图 3-80 所示，拓扑图如图 3-81 所示。

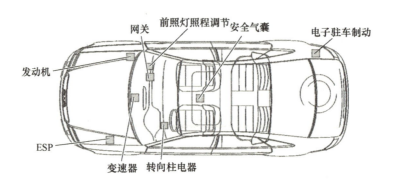

图 3-80　奥迪 A6 轿车动力 CAN 总线各控制单元在车上的安装位置

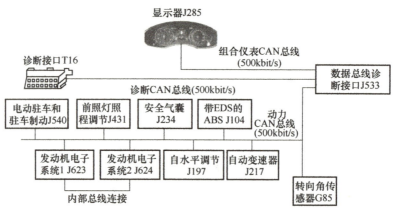

图 3-81　奥迪 A6 轿车动力 CAN 总线拓扑图

点火开关断开后，CAN 通信一直有效，通信断路时（如拔下插接器或某一控制单元供电断路）会产生故障记忆，在重新连接正常后，必须删除所有控制单元的故障存储后才可以正常运行。

动力 CAN 总线特点如下：

1）高速传输，传输速率为 500kbit/s。

2）分类级别为 CAN 总线的 C 类。

3）双绞线传输：CAN-H 线为橙色／黑色，CAN-L 线为橙色／棕色。

4）在一根线断路／短路时，所有功能都会停止。

（2）舒适 CAN 总线　舒适 CAN 总线系统连接和控制的电控单元比较多，有空调控制单元、停车辅助控制单元、挂车控制单元、蓄电池能量管理单元、车门控制单元、电子转向柱锁控制单元、驻车加热控制单元、轮胎气压监控控制单元、多功能转向盘以及电子后座椅等控制单元。舒适 CAN 总线各控制单元安装位置如图 3-82 所示。同样，点火开关断开后，CAN 通信一直有效，通信断路时（如拔下插接器或某一控制单元供电断路）会产生故障记忆，在重新连接正常后，必须删除所有控制单元的故障存储后才可以正常运行。

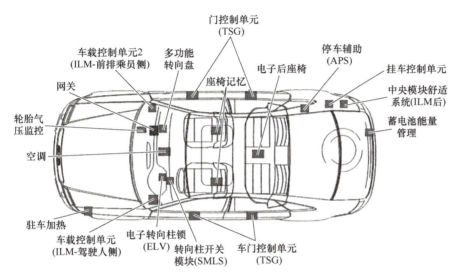

图 3-82　舒适 CAN 总线各控制单元安装位置

舒适 CAN 总线特点如下：

1）传输率较低，传输速率为 100kbit/s。

2）分类级别为 CAN 总线的 B 类。

3）双绞线传输：CAN-H 线为橙色 / 绿色，CAN-L 线为橙色 / 棕色。

2. 大众车系迈腾轿车 CAN 总线系统

迈腾轿车总线网络系统包括动力总线、舒适总线、信息娱乐总线、诊断总线、仪表总线等几个网络，其拓扑图如图 3-83 所示。

（1）迈腾轿车动力 CAN 总线系统　迈腾轿车动力 CAN 总线系统网络的控制单元包括：发动机控制单元、四轮驱动控制单元、自动变速器控制单元、ABS 控制单元、安全气囊控制单元、助力转向控制单元、变速杆传感器控制单元、前照灯控制单元、转向柱控制单元。迈腾轿车动力 CAN 总线系统网络拓扑图如图 3-84 所示，迈腾轿车动力 CAN 系统控制单元在车上的位置如图 3-85 所示。

动力 CAN 总线数据传输速度是 500kbit/s，传输通过高电平 CAN 数据线和低电平 CAN 数据线进行。为了保证数据安全传输，CAN 导线相互扭转连接。动力 CAN 数据总线不能单线工作，在其中一根 CAN 导线发生故障时无法进行数据传输。

（2）迈腾轿车舒适 CAN 总线系统　迈腾轿车舒适 CAN 总线系统网络如图 3-86 所示，包括：车载电源控制单元、拖车控制单元、座椅记忆控制单元、停车辅助控制单元、行李舱盖控制单元、转向柱控制单元、空调控制单元、驻车加热控制单元、车门控制单元。

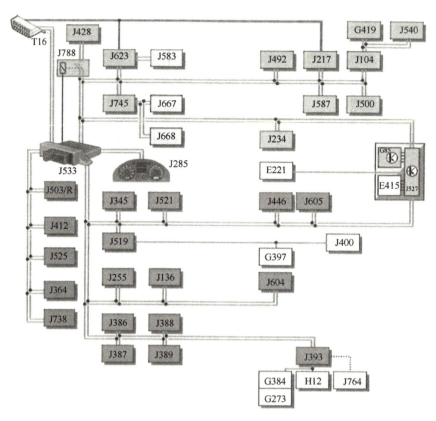

图 3-83　迈腾轿车总线系统拓扑图

E221—转向盘操作单元　E415—进入及起动许可开关　G85—转向角传感器　G273—车内监控传感器　G384—车辆侧倾传感器　G397—晴雨与光线识别传感器　G419—ESP 传感器单元　H12—报警喇叭　J104—ABS 控制单元　J136—座位调节和带记忆功能的转向柱调节的控制单元　J217—自动变速器控制单元　J234—安全气囊控制单元　J255—全自动空调控制单元　J285—组合仪表中的控制单元　J345—拖车控制单元　J364—辅助加热装置的控制单元　J386—驾驶人侧车门控制单元　J387—前排乘员侧车门控制单元　J388—左后车门控制单元　J389—右后车门控制单元　J393—舒适系统中央控制单元　J400—刮水器电动机控制单元　J412—移动电话电子操作装置控制单元　J428—车距调节装置控制单元　J446—驻车辅助控制单元　J492—全轮驱动控制单元　J500—转向辅助控制单元　J503/R—收音机和导航系统显示单元控制单元　J519—车载电网控制单元　J521—带记忆功能的前排乘员座椅调节控制单元　J525—数字式音响套件控制单元　J527—转向柱电子装置控制单元　J533—数据总线诊断接口　J540—电动驻车制动器控制单元　J583—NO$_2$ 传感器控制单元　J587—变速杆传感装置控制单元　J604—空气辅助加热装置控制单元　J605—汽车行李舱盖控制单元　J623—发动机控制单元　J667—左侧前照灯功率模块　J668—右侧前照灯功率模块　J738—电话操作单元控制单元　J745—转向灯和前照灯照明距离调节控制单元　J764—ELV 控制单元　J788—驱动 CAN 总线断路继电器　T16—插接器，16 芯，诊断接口

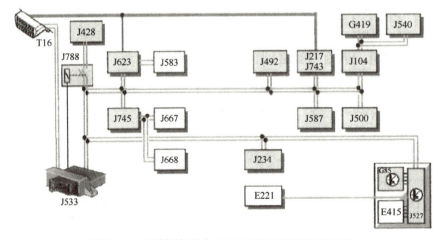

图 3-84　迈腾轿车动力 CAN 总线系统网络拓扑图

J623—发动机控制单元　J533—网关　J492—四轮驱动控制单元　J217—自动变速器控制单元　J104—ABS 控制单元　J234—安全气囊控制单元　J500—助力转向控制单元　J587—变速杆传感器控制单元　J745—前照灯控制单元　G85—转向角度传感器　J527—转向柱控制单元

图 3-85 迈腾轿车动力 CAN 系统控制单元在车上的位置

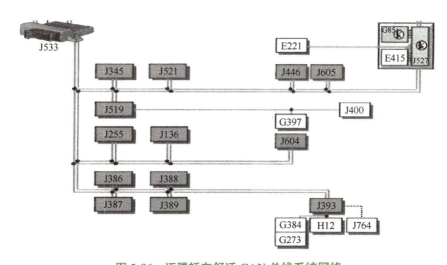

图 3-86 迈腾轿车舒适 CAN 总线系统网络

J533—网关　J345—拖车控制单元　J521—前排乘员座椅记忆控制单元
J446—停车辅助控制单元　J605—行李舱盖控制单元　J527—转向柱控制单元
J519—车载电源控制单元　J255—空调控制单元　J136—驾驶人座椅记忆控制单元
J604—驻车加热控制单元　J393—舒适系统控制单元　J386~J389—车门控制单元

迈腾轿车舒适系统控制单元在车上的位置如图 3-87 所示。舒适 CAN 总线系统数据传输速度是 100kbit/s，传输通过高电平 CAN 数据线和低电平 CAN 数据线进行。为了保证数据安全传输，CAN 导线相互扭转连接。舒适 CAN 数据总线可以单线工作，在其中一根 CAN 导线发生故障时数据传输仍可以继续进行。

（3）**迈腾轿车信息娱乐 CAN 总线系统**　迈腾轿车信息娱乐 CAN 总线系统控制单元拓扑图如图 3-88 所示，其中的控制单元包括收音机（导航）控制单元、电话准备系统控单元、数字音响控制单元、驻车加热控制单元和电话控制单元，迈腾轿车信息娱乐 CAN 总线控制单元在车上位置如图 3-89 所示。

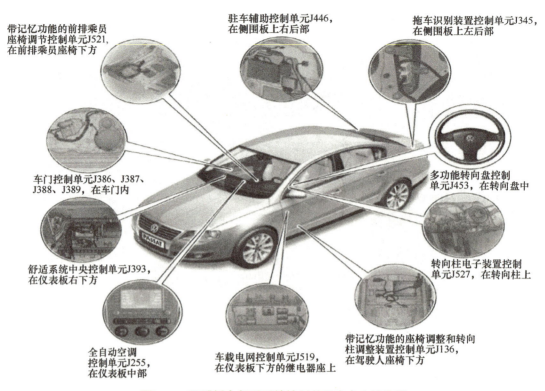

图 3-87　迈腾轿车舒适系统控制单元在车上的位置

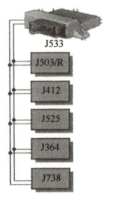

图 3-88　迈腾轿车信息娱乐 CAN 总线系统控制单元拓扑图

J533—网关　J503/R—收音机（导航）控制单元　J412—电话准备系统控制单元
J525—数字音响控制单元　J364—驻车加热控制单元　J738—电话控制单元

信息娱乐 CAN 总线系统数据传输速度是 100kbit/s，传输通过高电平 CAN 数据线和低电平 CAN 数据线进行。为了保证数据安全传输，CAN 导线相互扭转连接。信息娱乐 CAN 数据总线可以单线工作，在其中一根 CAN 导线发生故障时数据传输仍可继续进行。

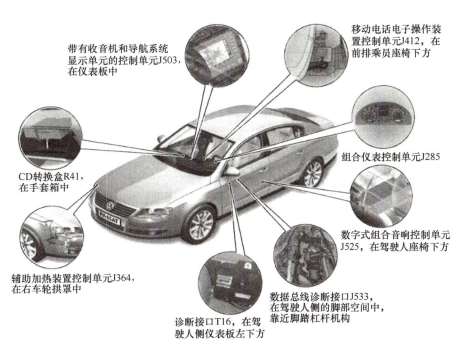

图 3-89　迈腾轿车信息娱乐 CAN 总线控制单元在车上位置

学习任务 4
Flex Ray 总线系统的检修

一、任务说明

扫一扫

Flex Ray 总线系统检修工作任务案例

任务描述	某 4S 店接到了一辆宝马 320Li 轿车车主的维修委托，车主反映该车辆行驶中仪表板多个故障灯点亮报警，转向盘转向沉重，车辆起动和行驶无明显异常现象。经过维修技师初步诊断测试后判断是车辆的 Flex Ray 总线故障，接下来维修技师对客户的维修委托制订故障诊断及维修计划，并针对故障进行相应的维修。在执行车辆诊断及维修工作时，会涉及 Flex Ray 总线的哪些信息？Flex Ray 总线又如何进行检修呢？
任务所属模块课程	• 动力与底盘网关控制系统检修　　　　　　　　　　　　　　　　　（√） • 车身与娱乐网关控制系统检修　　　　　　　　　　　　　　　　　（√）
任务对应工作领域	• 汽车全车网关控制与娱乐系统工作领域　　　　　　　　　　　　　　（√）
任务育人目标描述	
1. 通过分组完成操作训练任务，提高分工协作、组织能力、团结意识。 2. 通过尽可能多的操作训练，提高学生的体力、耐力，培养学生吃苦耐劳的精神和责任意识。	
职业技能（能力）要求描述	
行为	能进行 Flex Ray 总线的信号波形的采集与波形分析。
条件	车辆/设备：宝马 320Li 轿车。 工具及场地要求：维修工位 4 个、宝马 320Li 维修手册 4 本、工量具箱（内包含探针、采集线、专用万用表、示波器及通用手动工具）4 个、零件车 4 个、工作灯 4 个、手套若干副、无纺布若干块、维修工作台 4 个、翼子板布、前格栅布及车内三件套 4 个。
标准与要求	• 树立分析问题、解决问题的信心；提高竞争能力、表现意识、自信心。 • 能了解 Flex Ray 总线的结构组成与功能特点，理解 Flex Ray 总线数据信号的传输原理，掌握 Flex Ray 总线系统电路识读与分析，掌握 Flex Ray 总线波形特点。 • 能按照维修手册的规范正确进行 Flex Ray 总线系统的信号波形采集。 • 能按照维修手册的规范正确进行 Flex Ray 总线系统的诊断测量。
成果	完成 Flex Ray 总线常见故障的诊断与检修。

二、任务学习与实施

(一) 任务引导与学习

➤ **引导问题 1**：说明 Flex Ray 总线的概念和特点。

_____
_____
_____
_____
_____
_____。

➤ **引导问题 2**：补全下列语句中的缺失信息。

节点的两个通信过程如下：

1) 发送数据：Host 将有效的数据送给_____，在_____中进行编码，形成数据位流，通过_____发送到相应的通道上。

2) 接收数据：在某一时刻，由 BD 访问_____，将数据位流送到_____进行解码，将数据部分由_____传送给 Host。

➤ **引导问题 3**：Flex Ray 的拓扑结构有哪几种？请画图说明。

￼

➤ **引导问题 4**：汽车中所有 ECU 要互相配合通过 Flex Ray 总线团结协作。同学们在学习中也要互相支持、互相协作、互相配合，_____，明确学习任务和共同目标，尊重他人、虚心诚恳、积极主动。每一位同学都找到集体归属感，这是培养团结协作意识和能力的前提。

知识链接

1. Flex Ray 总线系统的认知

（1）Flex Ray 总线的概念　随着汽车中增强安全和舒适体验的功能越来越多，用于实现这些功能的传感器、传输装置、电子控制单元（ECU）的数量也在持续上升。如今高端汽车有 100 多个 ECU，如果不采用新架构，该数字可能还会增长，ECU 操作和众多车用总线之间的协调配合日益复杂，严重阻碍线控技术（X-by-Wire，即利用质量小、效率高、更简单且具有容错功能的电气/电子系统取代笨重的机械/液压部分）的发展。即使可以解决复杂性问题,传统的车用总线也缺乏线控所必需的确定性和容错功能。

例如,与安全有关的信息传递要求绝对实时,这类高优先级的信息必须在指定的时间内传输到位,如制动,从制动踏板踩下到制动起作用的信息传递要求立即正确地传输,不允许任何不确定因素。同时,汽车网络中不断增加的通信总线传输数据量,要求通信总线有较高的带宽和数据传输率。目前广泛应用的车载总线技术 CAN、LIN 等由于缺少同步性、确定性及容错性等并不能满足未来汽车应用的要求。

宝马公司和戴姆勒 - 克莱斯勒公司很早就意识到传统的解决方案并不能满足汽车行业未来的需要,更不能满足汽车线控系统(X-by-Wire)的要求。于是在 2000 年 9 月,宝马公司和戴姆勒 - 克莱斯勒公司联合飞利浦公司和摩托罗拉公司成立了 Flex Ray 联盟。该联盟致力于推广 Flex Ray 通信系统在全球的采用,使其成为高级动力总成、底盘、线控系统的标准协议。其具体任务为制定 Flex Ray 需求定义、开发 Flex Ray 协议、定义数据链路层、提供支持 Flex Ray 的控制器、开发 Flex Ray 物理层规范并实现基础解决方案。

Flex Ray 是一种用于汽车的高速、可确定性的,具备故障容错能力的总线技术,它将事件触发和时间触发两种方式相结合,具有高效的网络利用率和系统灵活性特点,可以作为新一代汽车内部网络的主干网络。目前,Flex Ray 总线已经成为汽车网络系统的标准,将在未来很多年内,引领汽车网络系统的发展方向。Flex Ray 是继 CAN 和 LIN 之后的研发成果,可以有效管理多重安全和舒适功能,如 Flex Ray 适用于线控操作(X-by-Wire)。

(2)Flex Ray 总线的特点　作为一种灵活的车载网络系统,Flex Ray 具有高速、可靠及安全的特点,它不仅能简化车载通信系统的架构,而且还有助于汽车电子单元获得更高的稳定性和可靠性。在宝马 SUV "X5" 的电子控制减振器系统中,控制系统首次采用了车载 LAN 接口规格 Flex Ray,此次实际应用预示着 Flex Ray 在高速车载通信网络中的大规模应用已经指日可待。

Flex Ray 提供了传统车内通信协议不具备的大量特性。

1)高传输速率。Flex Ray 的每个信道具有 10Mbit/s 带宽。它不仅可以像 CAN 和 LIN 网络这样进行单信道系统一般运行,而且还可以作为一个双信道系统运行,因此可以达到 20Mbit/s 的最大传输速率,是当前 CAN 最高运行速率的 20 倍,各总线系统的数据传输速率如图 4-1 所示。

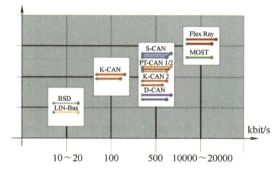

图 4-1　各总线系统的数据传输速率

2)同步时基。Flex Ray 中使用的访问方法是基于同步时基的。该时基通过协议自动建立和同步,并提供应用。时基的精确度介于 0.5~10μs(通常为 1~2μs)。

3)确定性。通信是在不断循环的周期中进行的,特定消息在通信周期中拥有固定位置,因此接收器已经提前知道了消息到达的时间。到达时间的临时偏差幅度会非常小,并能得到保证。

4)高容错。强大的错误检测性能和容错功能是 Flex Ray 设计时考虑的重要方面。Flex Ray 总线使用循环冗余校验 CRC(Cyclic Redundancy Check,CRC)来检验通信中的差错。Flex Ray 总线通过双通道通信，能够提供冗余功能，并且使用星形拓扑可完全解决容错问题。

5）灵活性。在 Flex Ray 协议的开发过程中，关注的主要问题是灵活性，反映在如下几个方面：

① 支持多种方式的网络拓扑结构。

② 消息长度可配置：可根据实际控制应用需求，为其设定相应的数据载荷长度。

③ 使用双通道拓扑时，既可用于增加带宽，也可用于传输冗余的消息。

④ 周期内静态、动态消息传输部分的时间都可随具体应用而定。

2. Flex Ray 总线系统的节点结构和拓扑结构

（1）Flex Ray 总线节点结构　Flex Ray 节点（Node）是指汽车总线中能完成数据信号发送、接收及转发的电子控制单元（控制模块），是车载网络系统中的通信端点或终端设备。总线节点的核心是 ECU，也就是节点在汽车联网系统中属于有源电子设备，电路连接点、配线架、插接板、电路结点不属于总线节点。

扫一扫

Flex Ray 总线节点结构

Flex Ray 总线节点由供电部分、控制部分和驱动部分组成。供电部分（Power Supply）为各个单元供电。控制部分包括一个主处理器（Host Micro controller）和一个通信控制器（Communication Controller, CC）。CC 提供与数据电路和与 Host 的电气接口，将数据电路上的字符拆卸为串行比特流，或者将数据电路上的串行比特流组装为字符。Flex Ray 节点如图 4-2 所示。

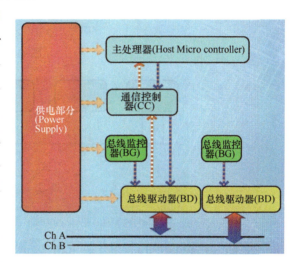

图 4-2　Flex Ray 节点

驱动部分包括总线驱动器（Bus Driver, BD）和总线监控器（Bus Guardian, BG），总线驱动器（BD）将通信控制器（CC）与总线（Flex Ray-BUS：Ch-A、Ch-B）相连，总线监控器（BG）用以监视接入总线的连接。

Flex Ray 总线节点中的主处理器（Host）负责提供和产生数据，把 Flex Ray 总线控制器分配的时间槽通知给总线监视器（BG），同时激活总线驱动器（BD），总线监视器则允许 Flex Ray 总线控制器在分配的时间槽（一个或多个）内通过通信控制器（CC）进行数据信息传送。Flex Ray 总线也有小的时间槽，如果其计数器与信息 ID 一致，则节点发送信息。时间槽会按照需要的时间来扩展，节点发送信息之后，小时间槽计数器会 +1。当 Flex Ray 总线空闲时，小时间槽计数器同样也会 +1。由此可见，每个节点都有机会发送数据信息，Flex Ray 总线系统实现了介质共享。

节点的两个通信过程如下：

① 发送数据：Host 将有效的数据送给 CC，在 CC 中进行编码，形成数据位流，通过 BD 发送到相应的通道上。

② 接收数据：在某一时刻，由 BD 访问栈，将数据位流送到 CC 进行解码，将数据部

分由 CC 传送给 Host。

（2）Flex Ray 总线拓扑结构　Flex Ray 的拓扑主要分为 3 种：总线形、星形、总线星形混合型。其中，总线形如图 4-3 所示，星形如图 4-4 所示，总线星形混合型如图 4-5 所示。

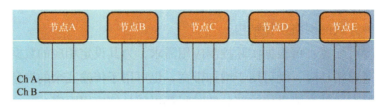

图 4-3　总线形

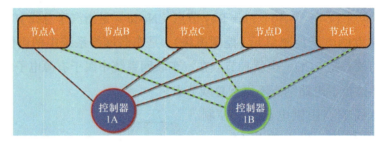

图 4-4　星形

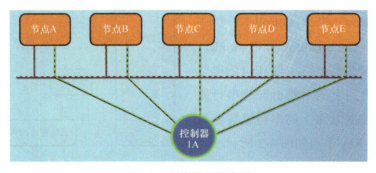

图 4-5　总线星形混合型

通常，Flex Ray 节点可以支持两个信道，因此可以分为单信道和双信道两种系统。在双信道系统中，不是所有节点都必须与两个信道连接。

与总线形结构相比，星形结构的优势在于它在接收器和发送器之间提供点到点连接。该优势在高传输速率和长传输电路中尤为明显。其另一个重要优势是错误分离功能，例如，如果信号传输使用的两条电路短路，总线系统在该信道不能进行进一步的通信。如果使用星形结构，则只有到连接短路的节点才会受到影响，其他所有节点仍然可以继续与其他节点通信。

情智链接

汽车中所有 ECU 要互相配合通过 Flex Ray 总线团结协作。同学们在学习中也要互相支持、互相协作、互相配合，顾全大局，明确学习任务和共同目标，尊重他人、虚心诚恳、积极主动。每一位同学都找到集体归属感，这是培养团结协作意识和能力的前提。追求归属感是一个人生存的内在需要。同学们不仅要善于依靠自己的力量，也要善于借助别人的力量，如果能把两者有效地结合起来，那会更有利于走向成功。其实，现今社会激烈的竞争和广泛的合作这两点并不矛盾。缺乏与他人合作的精神和能力,不但很难成功,甚至连适应社会都很难。

➤ **引导问题 5:** 观察下面 Flex Ray 总线信号,其中 Flex Ray 总线信号 1 如图 4-6 所示,Flex Ray 总线信号 2 如图 4-7 所示,请判断信号 1 和信号 2 哪个是正常信号。为什么?

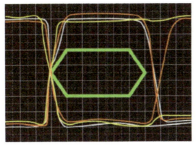

图 4-6　Flex Ray 总线信号 1

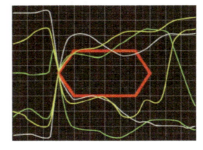

图 4-7　Flex Ray 总线信号 2

_____
_____
_____
_____
_____。

➤ **引导问题 6:** Flex Ray 总线知识较难理解,我们要从基础学习开始,逐步加深理解。所以我们必须要有_____和能力,才能在激烈的竞争中获胜。当遇到困难的时候,不会轻易选择放弃,而是应该继续努力,再多尝试一下,表现得更有毅力、更有耐力。

扫一扫

Flex Ray 总线数据帧结构

 **知识链接**

1. 数据帧

一个数据帧由头段(Header Segment)、有效负载段(Payload Segment)和尾段(Trailer Segment)三部分组成。Flex Ray 数据帧结构如图 4-8 所示。

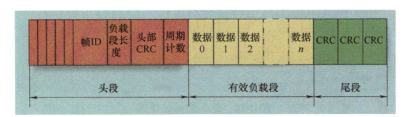

图 4-8　Flex Ray 数据帧结构

(1) 头段　帧头段共由 5 个字节(40 位)组成,包括以下几位:

1)保留位(1 位):为日后的扩展作准备。

2)负载段前言指示(1 位):指明负载段的向量信息。

3)无效帧指示(1 位):指明该帧是否为无效帧。

4)同步帧指示(1 位):指明该帧是否为同步帧。

5)起始帧指示(1 位):指明该帧是否为起始帧。

6）帧 ID（11 位）：用于识别该帧和该帧在时间触发帧中的优先级。

7）负载段长度（7 位）：标注一帧中能传送的字数。

8）头部 CRC（11 位）：用于检测传输中的错误。

9）周期计数（6 位）：每一通信开始，所有节点的周期计数器增 1。

（2）有效负载段　负载段是用于传送数据的部分，Flex Ray 有效负载段包含 0~254 个字节数据。对于动态帧，有效负载段的前两个字节通常用作信息 ID，接收节点根据接收的 ID 来判断是否为需要的数据帧；对于静态帧，有效负载段的前 13 个字节为网络管理向量（NM Vector），用于网络管理。

（3）尾段　尾段只含有 24 位的校验域，包含了由头段与有效负载段计算得出的 CRC 校验码。计算 CRC 时，根据网络传输顺序将从保留位到负载段最后一位的数据放入 CRC 生成器进行计算。

2. 编码与解码

编码的过程实际上就是对要发送的数据进行相应的"打包"的过程，如加上各种校验位、ID 符等。解码的过程就是对收到的数据帧进行"解包"的过程。编码与解码主要发生在通信控制器与总线驱动器之间，编码与解码如图 4-9 所示。

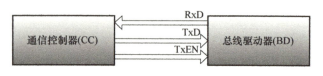

图 4-9　编码与解码

其中 RxD 为接收信号，TxD 为发送信号，TxEN 为通信控制器请求数据信号。信息的二进制表示采用"不归零"码。对于双通道的节点，每个通道上的编码与解码的过程是同时完成的。

静态数据帧编码如图 4-10 所示。

扫一扫

Flex Ray 总线的组成与数据传输过程

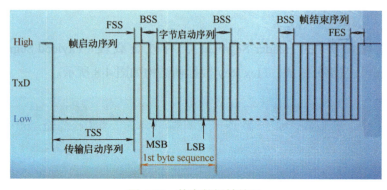

图 4-10　静态数据帧编码

传输启动序列（TSS）：用于初始化节点和网络通信的对接，为一小段低电平。

帧启动序列（FSS）：用来补偿 TSS 后第一个字节可能出现的量化误差，为一位的高电平。

字节启动序列（BSS）：给接收节点提供数据定时信息，由一位高电平和一位低电平组成。

帧结束序列（FES）：用来标识数据帧最后一个字节序列结束，由一位低电平和一位高电平组成。

动态数据帧编码如图 4-11 所示。

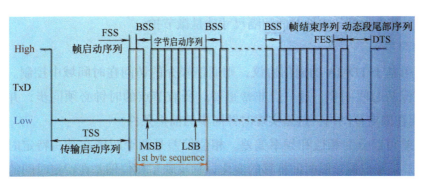

图 4-11 动态数据帧编码

动态段尾部序列（DTS）：仅用于动态帧传输，用来表明动态段中传输时隙动作点的精确时间点，并防止接收段过早地检测到网络空闲状态。它由一个长度可变的低电平和一位高电平组成。

将这些序列与有效位（从最大位 MSB 到最小位 LSB）组装起来就是编码过程，最终形成能够在网络传播的数据位流。

3. 媒体访问方式

在媒体接入控制中，一个重要的概念就是通信周期（Communication Cycle）。一个通信周期由静态段（Static Segment）、动态段（Dynamic Segment）、符号窗口（Symbol Window）和网络空闲时间（Network Idle Time）四个部分组成。Flex Ray 提供两种媒体接入时序的选择：静态段采用时分多址（TDMA）方式，由固定的时隙数组成，不可修改，且所有时隙的大小一致，用来传输周期性的数据信息；动态段采用灵活的时分多址（FTDMA）方式，由较小的时隙组成，可根据需要扩展变动，一般用于传输事件控制的消息。符号窗口用于传输特征符号。网络空闲时间用于时钟同步处理。媒体访问方式如图 4-12 所示。

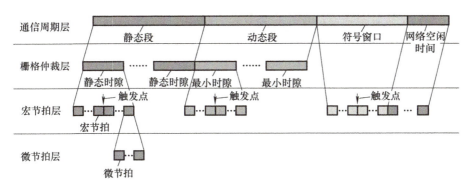

图 4-12 媒体访问方式

仲裁层包含有仲裁网络，它构成了 Flex Ray 媒介仲裁的主干部分。在静态段中，仲裁网络由称为静态时槽（Static Slots）的连续时间间隔组成，在动态段中，由称为微型时槽（Minislots）的连续时间间隔组成。

仲裁网络层是建立在由宏节拍（Macrotick）组成的宏节拍层之上的。每个本地宏节拍的时间都是一个整数倍的微节拍的时间。已分配的宏节拍边缘称为行动点（Action points）。行动点是一些特定的时刻，在这些时刻上，将会发生传输的开始和结束。

微节拍层是由微节拍组成的。微节拍是由通信控制器外部振荡器时钟刻度，选择性地使用分频器导出的时间单元。微节拍是控制器中的特殊单元，它在不同的控制器中可能有不同的时间。节点内部的本地时间间隔尺寸就是微节拍。

4. 时钟同步

如果使用基于 TDMA 的通信协议,则通信媒介的访问在时间域中控制。因此,每个节点都必须保持时间同步,这一点非常重要。所有节点的时钟必须同步,并且最大偏差(精度)必须在限定范围内,这是实现时钟同步的前提条件。

时钟偏差可以分为相位和频率偏差。相位偏差是两个时钟在某一特定时间的绝对差别。频率偏差是相位偏差随时间推移的变化,它反映了相位偏差在特定时间的变化。

Flex Ray 使用一种综合方法,同时实施相位纠正和频率纠正,包含两个主要过程:时间同步校正机制(最大时间节拍生成 MTG)和时钟同步计算机制(时钟同步进程 CSP)。MTG 控制时隙初值,即周期计数器和最大时钟节拍的计数器,并对其进行修正。CSP 主要完成一个通信循环开始的初始化,测量并存储偏差值,计算相位和频率的修正值。时钟同步计算机制如图 4-13 所示。

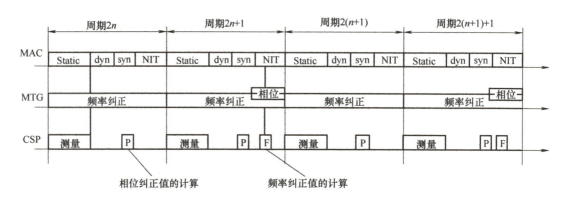

图 4-13 时钟同步计算机制

相位修正仅在奇数通信周期的 NIT 段执行,在下一个通信周期起始前结束。相位改变量指明了添加到 NIT 相位修正段的微节拍数目,它的值由时钟同步算法决定,并有可能为负数。相位改变量的计算发生在每个周期内,但修正仅应用在奇数通信周期的末尾。

在频率纠正中,需要使用两个通信循环的测量值。这些测量值之间的差值反映每个通信循环中的时钟偏差变化。它通常用于计算双循环结束时的纠正值。在整个后来的两个通信周期中,都使用该纠正值。

5. 唤醒与启动

为了节省资源,部分节点处于不工作状态时,进入"节电模式"。当这些节点需要再次工作时,就需要"唤醒"它们。主机可以在通信信道上传输唤醒模式,当节点接收唤醒特征符(Wakeup Symbol)后,主机处理器和通信控制器才进行上电。

在通信启动执行之前,整个簇需要被唤醒。启动节点工作需要在所有通道上同步执行。初始一个启动过程的行为被称为冷启动(Cold Start),能启动一个起始帧的节点是有限的,它们称为冷启动节点(Cold Start Node)。在至少由三个节点组成的簇中,至少要有三个节点被配置为冷启动节点。冷启动节点中,主动启动簇中消息的节点称为主冷启动节点(Leading Cold Start Node),其余的冷启动节点则称为从冷启动节点(Following Cold Start Node)。

当节点被唤醒并完成初始化后，它就可以在相应的主机控制命令发出之后进入启动程序。在非冷启动节点接收并识别至少两个相互通信的冷启动节点前，非冷启动节点一直等待。同时，冷启动节点监控两个通信通道，确定是否有其他的节点正在进行传输。当检测到通信信道没有进行传输时，该节点就成为主冷启动节点。

冷启动尝试以冲突避免操作符（Collision Avoidance Symbol，CAS）开始，只有传输CAS的冷启动节点能在最开始的四个周期传输帧。主冷启动节点先在两个通道上发送无格式的符号（一定数量的无效位），然后启动集群。在无格式符号发送完毕后，主冷启动节点启动该节点的时钟，进入第一个通信周期。从冷启动节点可以接收主冷启动节点发送的消息，在识别消息后，从冷启动节点便可确认主冷启动节点发送的消息的时槽位置，然后等待下一个通信周期，当接收第二个消息后，从冷启动节点便开始启动它们的时钟。根据两条消息的时间间隔，能测量与计算频率修正值，尽可能地使从冷启动节点接近主冷启动节点的时间基准。为减少错误的出现，冷启动节点在传输前需等待两个通信周期。在这期间，其余的冷启动节点可继续接收从、主冷启动节点及已完成集群冷启动节点的消息。

从第五个周期开始，其余的冷启动节点开始传输起始帧。主冷启动节点接收第五与第六个周期内其余冷启动节点的所有消息，并同时进行时钟修正。在这个过程中若没有故障发生，且冷启动节点至少收到一个有效的起始帧报文对，则主冷启动节点完成启动阶段，开始进入正常运行状态。

非冷启动节点首先监听通信信道，并接收信道上传输的信息帧，若收到信道上传输的信息帧，便开始尝试融入启动节点。在接下来的两个周期内，非冷启动节点要确定至少两个发送启动帧的冷启动节点，并符合它们的进度。若无法满足条件，非冷启动节点将退出启动程序。非冷启动节点接收至少两个启动节点连续的两组双周期启动帧后，开始进入正常运行状态。非冷启动节点进入正常工作状态，比主冷启动节点晚两个周期。

Flex Ray启动过程如图4-14所示。其中，节点A是主冷启动节点，节点B是从冷启动节点，节点C是非冷启动节点。

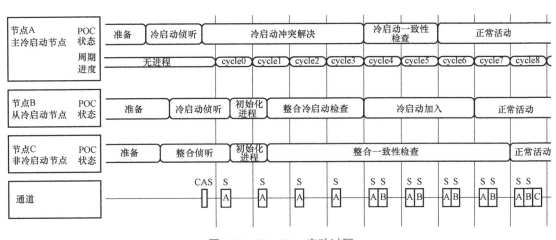

图4-14　Flex Ray启动过程

6. 信号特性

Flex Ray总线信号必须在规定界限内。Flex Ray总线信号的正常波形如图4-15所示，非正常波形如图4-16所示。这些图形只能用速度很快的示波器才能显示出来，因为Flex

扫一扫

Flex Ray 总线波形特点

Ray 总线系统是数据传输率较高且电平电压变化较快的一种总线系统。无论在时间轴上还是电压轴上，Flex Ray 总线信号都不应进入内部区域内（如图 4-15 中间位置的六边形）。

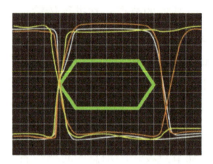

图 4-15　Flex Ray 总线信号的正常波形

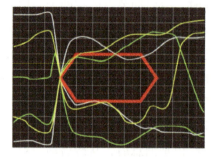

图 4-16　Flex Ray 总线信号的非正常波形

情智链接

Flex Ray 总线知识较难理解，要从基础学习开始逐步加深理解。所以我们必须要有吃苦的精神和能力，才能在激烈的竞争中获胜。当遇到困难的时候，不会轻易选择放弃，而是应该继续努力，再多尝试一下，表现得更有毅力、更有耐力。

（二）任务计划与实施

➢ 引导问题 1：分析 Flex Ray 总线故障成因。

_____
_____
_____
_____
_____。

➢ 引导问题 2：如何通过测量 Flex Ray 总线终端电阻来判断系统是否存在断路或短路故障？

_____
_____
_____
_____
_____
_____。

➢ 引导问题 3：如何通过测量 Flex Ray 总线工作电压来判断系统是否存在故障？

_____
_____
_____
_____
_____。

> **引导问题 4**：说明 Flex Ray 总线维修的注意事项。

_____
_____
_____
_____
_____。

小提示

1. 在检查电路之前要确保关闭点火开关，断开蓄电池负极电缆。禁止在点火开关接通时断开或重新连接 Flex Ray 系统接口模块线束插接器。

2. Flex Ray 的电路是一个双绞线导线，必须尽可能保持这种双绞线布置方式。剥掉 Flex Ray 导线绝缘层的维修部位时必须用软管密封住，否则容易进水从而影响总线系统的效率。

3. 为避免损坏线束插接器端子，在对 Flex Ray 系统接口模块线束插接器进行测试时，务必使用合适的线束测试引线。

任务技能点 1： Flex Ray 总线常见故障类型及故障诊断与检修方法

1. 准备工作

防护：工作服、安全鞋、手套

设备及零部件：维修工作台、宝马 320Li 实训车

准备工作

工具：探针、采集线、专用万用表、示波器

辅料：宝马 320Li 维修手册、无纺布、车内外防护套装

2. Flex Ray 总线常见故障类型及故障诊断与检修方法

（1）Flex Ray 总线故障成因

1）电源故障。如果汽车电源系统提供的工作电压低于 Flex Ray 总线节点（控制模块）的正常工作电压，节点（Node）可能短暂地停止工作，从而造成整个车载网络系统暂时无法通信。此时，应首先排除汽车电源系统故障，然后再检查 Flex Ray 总线的供电是否正常。

2）总线通信电路故障。当汽车总线系统的通信电路出现故障（如双绞线互相短路、对电源短路、对搭铁短路或者总线断路）时，会引起总线链路上的多个控制模块无法正常工作。对于这类故障，可以借助示波器读取总线波形是否与标准波形相符来进行判断、排除。

3）总线节点（控制模块）故障。这类故障一般包括软件故障和硬件故障两类。软件

故障一般表现为传输协议或软件程序出现缺陷或发生冲突，从而导致总线信息传送出现混乱或无法正常传输；硬件故障一般是控制模块部件、集成电路及接口损坏。控制模块的软件故障一般成批出现且难以修复，而硬件故障则可以通过替换法进行排除。

（2）Flex Ray 总线故障诊断思路　对于 Flex Ray 总线系统的故障，可使用车辆专用诊断仪读取故障码、查看数据流、读取总线波形进行综合分析和判断。应通过查阅车辆维修手册、分析网络拓扑图及控制策略，梳理逻辑关联，确定故障成因。

（3）Flex Ray 总线故障诊断检测方法

1）测量 Flex Ray 总线终端电阻。通过查阅维修手册、查看电路图及网络拓扑图，可以摸清终端电阻器的连接及逻辑关系，然后进行终端电阻阻值的测量，分析测量结果，判断总线故障原因，确定故障部位。一般总线在两个传输终端设置的终端电阻值为 90~110Ω，通常采用并联测量，其电阻值为 45~55Ω。通过测出的电阻值可判断总线断路点及短路范围。

2）测量 Flex Ray 导线电阻。Flex Ray 导线电阻的检测结果无法 100% 判断出系统功能正常与否。静态模式和动态模式下，电气性能差别很大，电路出现挤压变形或插头腐蚀等损坏情况时，在静态模式下电阻值可能位于公差范围内。但是，在动态模式下电气影响因素可能引起波涌阻抗提高，从而出现数据传输问题。因此，应仔细阅读维修手册和电路图，进行针对性测量。

3）测量 Flex Ray 总线工作电压。Flex Ray 系统电压的测量可参照 CAN 总线进行。正常情况下 Flex Ray 总线高电压值和低电压值均在 2.5V 左右。如果实测值为 0，说明对搭铁短路；如果实测值为 12V，说明对电源短路。如果某一条支路电压正常，并不能说明总线其他支路正常，还应该对所有支路的电压进行测量判断。

4）测量 Flex Ray 总线波形。Flex Ray 总线波形测量时，需要专用的示波器，将实测波形与标准波形比对，用以判断 Flex Ray 总线系统故障原因及故障点。如果某一条支路波形正常，并不能说明总线其他支路正常，还应该对所有支路的波形进行测量分析。

（4）Flex Ray 总线维修　Flex Ray 总线电缆损坏时可以进行修复，维修 Flex Ray 的电路时，需注意尽可能保持总线双绞线布置方式，剥掉绝缘层的维修部位不能简单连接，必须使用热缩管固定密封。如果总线传输介质进水，可能干扰波涌阻抗，从而影响总线系统的效率。

综上所述，Flex Ray 总线在线控操作（X-by-Wire）控制领域具有明显优势。随着车载电控单元、智能型传感器及执行元件的增加，对车载通信要求越来越高，Flex Ray 总线作为传输速率较高的新型总线，在不久的将来会得到广泛应用，是最有可能替代 CAN 总线成为车载网络系统主干的总线。

3. 注意事项

1）根据 Flex Ray 导线电阻的测量结果无法准确地判断导线是否正常，因为出现挤压变形或插接器腐蚀等损坏情况时，在静态模式下电阻值可能位于标准范围内，但是，在动态模式下将会导致阻抗提高，从而出现数据传输故障。

2）Flex Ray 的电路是一个双绞线导线，必须尽可能保持这种双绞线布置方式。剥掉 Flex Ray 导线绝缘层的维修部位时必须用热缩管密封住，否则容易进水从而影响总线系统的效率。

> **引导问题 5：** 根据实训车辆故障现象及制订的诊断计划，实施诊断维修并记录。

_____
_____
_____
_____
_____
_____
_____
_____
_____
_____
_____
_____
_____
_____ 。

任务技能点 2： Flex Ray 总线的故障检修实例

1. 准备工作

防护：工作服、安全鞋、手套

设备及零部件：维修工作台、宝马 320Li 实训车

准备工作

工具：探针、采集线、专用万用表、示波器

辅料：宝马 320Li 维修手册、无纺布、车内外防护套装

扫一扫

Flex Ray 总线故障检修实际操作

2. Flex Ray 总线的故障检修实例

（1）故障现象　4S 店接到了一辆宝马 320Li 轿车车主的维修委托，车主反映该车辆行驶中仪表板多个故障灯点亮报警，转向盘转向沉重，车辆起动和行驶无明显异常现象。

（2）故障诊断　接车后首先验证用户反映的故障现象，车辆起动的情况下仪表板发动机故障灯、DSC 故障灯、EPS 故障灯等点亮报警。转动转向盘，转向盘助力失效。连接宝马诊断仪 ISID 进行诊断检测，宝马诊断软件 ISTA 中的诊断测试树状图如图 4-17 所示，Flex Ray 总线上的控制模块除了 FEM 之外全部为黄色，为无法通信状态。FEM 为网关，可以和其他的控制总线进行通信，所以这里显示为可以通信状态。

诊断测试结束，故障存储器中储存了大量的故障，摘取重要的故障存储内容如下：

1）S0258 无法与下列装置通信：一体式底盘管理系统 1407。

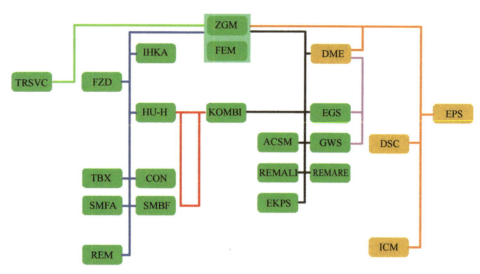

图 4-17 ISTA 诊断测试树状图

2）S0392 无法与下列装置通信：发动机电子系统 1407。

3）S0395 无法与下列装置通信：动态稳定控制系统 1407。

4）S0399 无法与下列装置通信：电动机械式助力转向系统。

此款车的 Flex Ray 总线网络连接图如图 4-18 所示。

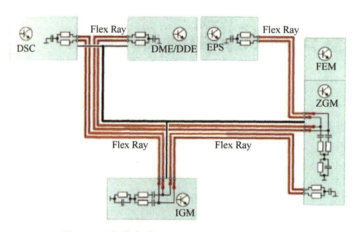

图 4-18 此款车的 Flex Ray 总线网络连接图

选择故障存储内容并根据系统提示执行检测计划。如果无法与多个控制模块进行通信，则可能是总线通信/同步有故障。控制模块被拔下时，该故障可能由总线单元的单个控制模块造成。多个控制模块同时造成故障的可能性极小。必要时应在总线单元的另一个控制模块上继续查询故障。

如果在所有相关的控制模块上未发现故障（插接器连接、导线、熔丝等均正常），则进行下列检测（通过该检测应确定造成该故障的控制模块）：①使用环形连接的总线导线检测与总线相连的控制模块（参见图 4-18，例如 IGM 控制模块），检查剩余的与总线相连的控制模块的通信。如果无法通信，则故障原因是已拔下的控制模块，所以必须进行更新。②使用终端电阻检测与总线相连的控制模块（参见图 4-18，例如 DSC 控制模块），将与总线相连的控制模块从电线束上拔下，在电线束侧使用一个电阻器跨接总线导线（电阻值在 80~110Ω）。检查剩余的与总线相连的控制模块的通信。如果无法通信，则故障原因是已拔下的控制模块，所以必须进行更新。

根据上述的提示先依次单独断开除 FEM 之外的所有控制模块，再次进行诊断测试，Flex Ray 总线仍然显示为无法通信状态。

Flex Ray 总线通信速度很快，波形的测量只能在实验室通过专用的示波器测量出来，目前车间的示波器无法测量，对于 Flex Ray 总线的检测，只能进行电路和电压的测量，电压值以对搭铁测量方式得到。

Flex Ray 总线系统的电压范围：

1）系统接通：无总线通信时为 2.5V。

2）高电平信号：3.1V（电压信号上升 600mV）。

3）低电平信号：1.9V（电压信号下降 600mV）。

接下来进行具体的检测和测量，宝马 320Li 的 Flex Ray 总线电路图如图 4-19 所示。

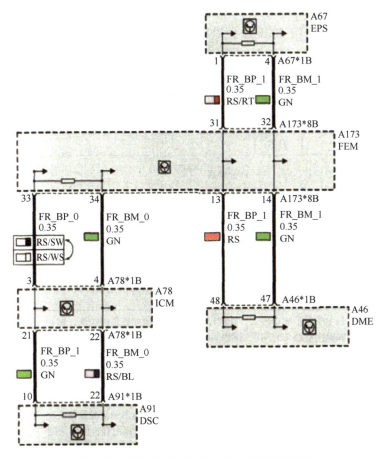

图 4-19　宝马 320Li 的 Flex Ray 总线电路图

测量检测结果如下：

断开 FEM 的 "A173*8B" 的 13 号、14 号脚，测量 DME 的 "A46*1B" 的 48 号、47 号脚之间的电阻（Flex Ray 终端电阻）为 109Ω。同样，断开 "A173*8B" 的 31 号、32 号脚，测量 EPS 的 "A67*1B" 的 1 号、4 号脚之间电阻为 90Ω。Flex Ray 终端电阻标准范围为 90~120Ω，所以这些控制模块的终端电阻都在正常范围之内。拔下 "A67*1B" 及 "A46*1B"，测量 DME 到 EPS 之间的导线，测量结果正常，没有对搭铁短路及相互短路情况。

测量DSC及FEM的终端电阻("A173*8B"的33号、34号脚之间)为92Ω。断开"A91*1B"及"A173*8B",测量DSC和FEM之间的总线连接正常,没有断路及对搭铁短路情况,没有相互短路情况。

测量DME的"A46*1B"的48号、47号脚对搭铁电压都为0;EPS的"A67*1B"的1号、4号脚对搭铁电压为0。测量DSC的"A19*1B"的10号、22号对搭铁的电压为1.6V。

根据上述的分析、测量,最终确定为FEM故障。

更换FEM,对车辆进行编程设码,故障排除。

3. 注意事项

1)在检查电路之前应确保关闭点火开关,断开蓄电池负极电缆。禁止在点火开关接通时断开或重新连接Flex Ray系统接口模块线束插接器。

2)Flex Ray导线损坏后必须用规格一致的Flex Ray导线替换,否则将会影响传输功能。

(三)任务评价反馈

1. 小组自评表(表4-1)能够让小组成员对各自的信息检索能力、任务认知程度、参与状态、学习方法和工作过程等方面进行评价,从记忆、领会、应用、分析、反馈全方位评估自己对知识的学习及掌握情况。

表4-1 活动过程评价小组自评表

班级		组名		日期	
评价指标	评价要素			分值	分值评定
信息检索	能有效利用网络资源、工作手册查找有效信息;能用自己的语言有条理地去理解、表述所学知识;能将查找到的信息有效转换到工作中			10	
任务认知	能熟悉各自的工作岗位,认同工作价值;在工作中,能获得满足感			10	
参与状态	与教师、同学之间能相互尊重、理解、平等;与教师、同学之间能够保持多向、丰富、适宜的信息交流			10	
	探究学习、自主学习不流于形式,处理好合作学习和独立思考的关系,做到有效学习;能够提出有意义的问题或能发表个人见解;能按要求正确操作;能够倾听、协助、分享			10	
学习方法	工作计划、操作技能符合规范要求;能获得进一步发展的能力			10	
工作过程	遵守管理规程,操作过程符合现场管理要求;平时上课的出勤情况和每次完成学习任务情况良好;善于多角度思考问题,能主动发现、提出有价值的问题			15	
思维状态	能发现问题、提出问题、分析问题、解决问题			10	
自评反馈	按时按质完成学习任务;较好地掌握专业知识点;具有较强的信息分析能力和理解能力;具有较为全面严谨的思维能力并能条理清晰地表述成文			25	
自评分值				100	
有益的经验和做法					
总结反思建议					

2. 小组互评表（表4-2）能够让小组成员从信息检索能力、任务认知程度、参与状态、学习方面和工作过程等方面对其他小组进行评价，通过互相评价环节，小组成员能学习其他小组的长处，弥补自己小组的不足。

表 4-2 活动过程评价小组互评表

班级		被评组名		日期	
评价指标	评价要素			分值	分值评定
信息检索	该组成员能有效利用网络资源、工作手册查找有效信息			5	
	该组成员能用自己的语言有条理地去理解、表述所学知识			5	
	该组成员将查找到的信息有效转换到工作中			5	
任务认知	该组成员能熟悉各自的工作岗位，认同工作价值			5	
	该组成员在工作中，能获得满足感			5	
参与状态	该组成员与教师、同学之间能相互尊重、理解、平等			5	
	该组成员与教师、同学之间能够保持多向、丰富、适宜的信息交流			5	
	该组成员能处理好合作学习和独立思考的关系，做到有效学习			5	
	该组成员能提出有意义的问题或能发表个人见解，按要求正确操作，能够倾听、协助、分享			5	
	该组成员能积极参与学习任务，并在过程中提高综合运用信息技术的能力			5	
学习方法	该组工作计划、操作技能符合规范要求			5	
	该组成员能获得进一步发展的能力			5	
工作过程	该组成员能遵守管理规程，操作过程符合现场管理要求			5	
	该组成员平时上课的出勤情况和每次完成学习任务情况良好			10	
	该组成员是否善于多角度思考问题，能主动发现、提出有价值的问题			5	
思维状态	该组成员能发现问题、提出问题、分析问题、解决问题			10	
自评反馈	该组成员能严肃认真地对待自评，并能独立完成自测试题			10	
	互评分值			100	
简要评述					

3. 教师评价表（表4-3）的内容主要包括对小组出勤状况的记录，以及对学生理想信念、道德品质、信息检索、任务认知、参与状态、学习方法、工作过程、思维状态等方面的评定，能够帮助学生更好地理解学习任务，促进对任务知识点、技能点的消化和吸收。

表 4-3　教师评价表

班级		组名		姓名	
出勤情况					

评价指标	评定要素	分值	分值评定
理想信念	有坚定的理想信念，热爱祖国	5	
	坚持正确的政治方向，积极向上	5	
	坚持社会主义核心价值观	5	
	在实操过程中体现劳动精神、工匠精神	5	
	具备良好的职业道德和环保意识	5	
道德品质	遵守公共场所的管理规定，自觉维护公共秩序和社会公德	5	
	在公共场所举止文雅，文明礼貌	5	
	爱护公物，保护公共设施	5	
	积极参加社会公益活动	5	
信息检索	能够顺利完成教师安排的任务，快速找到有效信息，并转化到工作中去	5	
任务认知	能够读懂文字的表达内容	5	
	能够满足岗位工作要求，掌握工作流程，熟悉注意事项	5	
参与状态	与教师、同学之间相互尊重、理解	4	
	能够做到独立思考、表达自己想法	4	
	能够按照要求正确操作，能够倾听对方表达的内容，乐于分享	4	
学习方法	能够根据工作内容的紧急情况合理制订计划	4	
	能够按要求完成工作计划，且操作符合规范	4	
工作过程	操作符合安全规定	5	
	操作符合流程规范	5	
	能协助他人完成工作	5	
思维状态	工作过程思维清晰，对工作结果能够正确预判，对其他相关工作有帮助	5	
	师评分值	100	
综合评价			

三、任务拓展信息

Flex Ray总线的应用

目前 Flex Ray 最主要的应用领域即是汽车领域，业界正致力于在汽车设计中转向全电子系统，它将通过创新的智能驾驶辅助系统为驾驶人和乘员提供更高的安全性以及更舒适的车内环境。而这种智能系统必然需要大量的采样、通信以及协调控制，对车载网络提出了较高的要求，这也是Flex Ray联盟研发Flex Ray的动力所在。

1. 车载骨干网络

Flex Ray的拓扑结构非常灵活，包括单/多通道总线结构、单/多通道星形结构、混合结构等，网络可与现有其他各种总线（如LIN，CAN等）系统兼容。同时，其灵活的系统结构，也可使设计者针对不同的应用背景选择不同的可靠等级以控制成本。

2. 线控系统

Flex Ray的重要应用目标之一是线控操作（如线控转向、线控制动等），即利用容错的电气/电子系统取代机械/液压部分。汽车线控系统是从飞机控制系统引入的，飞机控制系统中提到的Fly-by-Wire是一种电线代替机械的控制系统，它将飞机驾驶人的操纵控制和操作命令转换成电信号，利用机载计算机控制飞机的飞行。这种控制方式引入到汽车驾驶上，就称为Drive-by-Wire（线控驾驶），引入到制动上就产生了Brake-by-Wire（线控制动），引入到转向控制上就有Steering-by-Wire（线控转向），因此统称为X-by-Wire。这些创新功能的基础是一种能够满足严格容错要求的宽带总线结构，而Flex Ray的高传输速率和良好的容错性使其具有该方面的应用潜力。

3. 工业领域前景

虽然现在现场总线种类繁多，各种总线处于共存状态，工业以太网的应用也越来越广泛。但是由于现场总线几乎覆盖了所有连续、断续领域，不同运用领域的需求各异，还没有哪种工业总线可以完全适用于生产领域的各个方面。因此，Flex Ray总线虽然不能涵盖工业生产的全部领域，但一定可以像其他总线技术那样，在特定的领域中发挥优势，比如汽车制造领域以及对实时性、可靠性有很高要求的检测控制领域。例如，可将Flex Ray总线用于矿井集散式网络监控系统。根据矿井的实际情况，可以采用Flex Ray总线，建立一种集散式混合网络控制系统，以实现监控数据和控制指令的实时高速传输，并可保证网络具有较高的鲁棒性，能够在突发事件下安全可靠运行，从而构建煤矿矿井上下可靠高效的安全预警机制和管理决策监控平台，形成兼容性强、有扩展和升级余量的开放性监测控制系统。

系统可以分为井下和井上两部分。井上采用Flex Ray星形或者多星形拓扑结构，以进一步提高数据的传输速度和容错能力；井下使用Flex Ray的总线形拓扑结构，以方便连接矿井中众多的设备检测装置和传感器等，减少布线长度，节约成本，并使系统具有分散性和完全可互操作等特点。此外，Flex Ray具有很强的灵活性，可以方便地增加改变节点网络布置，能够适应移动和随机介入检测设备的需要，符合煤矿监控场所流动性大的特点。

4. 企业上的实际应用

在企业方面，首个投入生产的Flex Ray应用是宝马公司X5运动型多功能轿车（SAV）上名为Adaptive Drive的系统。Adaptive Drive是基于飞思卡尔半导体的32位Flex Ray微控制器，它可以监视有关车辆速度、转向盘转角、纵向与横向加速度、车身与车轮加速度和行驶高度的数据。当驾驶人按下按钮选择"运行"或"舒适"驾驶时，Adaptive Drive会通过控制抗侧倾杆中的旋转发动机和减振器上的电磁阀来相应调整车辆的侧角和阻尼，控制单元相互作用以防止紧急制动翻车，宝马公司的工程师选择了 10Mbit/s 带宽的 Flex Ray 以获得这些控制单元之间的快速数据传输。

宝马 7 系中配备的博世 ESP 至尊版是全球第一个带有 Flex Ray 界面的制动控制系统。通过这一新数据总线，系统能够与相应的传感器、自适应巡航控制（ACC）、集成底盘管理系统（ICM）、发动机以及传输控制单元通信。

新款奥迪 A8 轿车采用恩智浦的 Flex Ray、CAN、LIN 和系统基础芯片（SBC）收发器打造车载网络（IVN），为轿车增加了高级驾驶辅助系统、自适应巡航控制和主动底盘稳定系统等一系列最新应用。恩智浦的 IVN 技术通过集线器连接众多电子器件，集线器由几根小质量铜线构成，不仅减轻了车身重量，更节约了油耗。轻量化结构还令轿车提速更快、碳排放更低。

尽管 Flex Ray 目前还只是应用在豪华车上，但随着通信要求的进一步提高和技术的进一步成熟，其在普通汽车上的普及只是时间的问题。然而，从更长远的角度来看，汽车发展的趋势是实现全自动无人驾驶（或近乎全自动驾驶），这将需要大量的不同功能的传感器、传输装置以及电子控制单元，而这些零部件的相互通信和协调控制则对车载网络提出了更高的要求。因此，Flex Ray 及车载网络还有待进一步研究和发展。

学习任务 5

MOST 总线系统的检修

一、任务说明

扫一扫

MOST 总线
系统检修工
作任务案例

任务描述	某 4S 店接到一辆奥迪 A6L 2.0T 车主维修委托，车主反映车辆 MMI 无法打开。经过维修技师诊断，明确 MOST 总线有故障。接下来维修技师对客户的维修委托制订故障诊断及维修计划，并针对故障进行相应的维修。在执行车辆诊断及维修工作时，会涉及 MOST 总线的哪些信息？MOST 总线又如何进行检修呢？	
任务所属 模块课程	• 动力与底盘网关控制系统检修 • 车身与娱乐网关控制系统检修	(√) (√)
任务对应 工作领域	• 汽车全车网关控制与娱乐系统工作领域	(√)
任务育人目标描述		
1. 增强学生团队意识及合作意识，强调养成良好学习习惯的重要性。 2. 培养严肃认真、精益求精的工作习惯。		
职业技能（能力）要求描述		
行为	能进行 MOST 总线系统故障诊断与光导纤维的维修。	
条件	车辆/设备：奥迪 A6L 2.0T 汽车，奥迪 A8 2003 汽车。 工具及场地要求：维修工位 4 个、配套维修手册 4 本、工具箱 4 个（内包含专用诊断仪、诊断导线、光学备用控制单元 VAS6186、VAS6223 组合套件等专用诊断检测工具）、零件车 4 个（内含光导纤维、波纹管等零部件）、工作灯 4 个、手套若干副、无纺布若干块、维修工作台 4 个。	
标准与要求	• 树立分析问题、解决问题的信心；提高沟通协调、团队合作的能力；加强良好学习态度的培养和诊断思维的养成。 • 能描述光学总线系统的结构组成与功能特点，理解 MOST 总线系统的结构，掌握 MOST 总线系统的工作原理，了解 MOST 总线常见的故障类型。 • 能根据 MOST 总线常见故障类型正确进行故障诊断与检修。 • 能按照维修手册的规范正确进行光导纤维的维修。	
成果	完成 MOST 总线系统故障诊断与光导纤维的维修。	

二、任务学习与实施

（一）任务引导与学习

➢ **引导问题1：** 信号的光学传输有哪些特点？

_____
_____
_____。

➢ **引导问题2：** 图 5-1 所示为光学传输控制单元，请写出图中数字代表的总成或元件名称，并说明其作用。

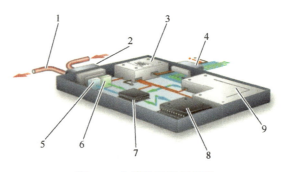

图 5-1　光学传输控制单元

1：_____，作用：_____。
2：_____，作用：_____。
3：_____，作用：_____。
4：_____，作用：_____。
5：_____，作用：_____。
6：_____，作用：_____。
7：_____，作用：_____。
8：_____，作用：_____。
9：_____，作用：_____。

➢ **引导问题3：** 图 5-2 所示为光导纤维的结构，请写出图中数字代表的结构名称，并说明其作用。

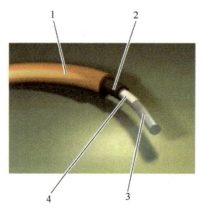

图 5-2　光导纤维的结构

1：_____，作用：_____。
2：_____，作用：_____。
3：_____，作用：_____。
4：_____，作用：_____。

➢ **引导问题 4**：对照图 5-3，简述光电效应原理。

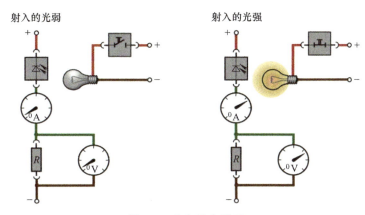

图 5-3 光电效应原理

_____
_____。

➢ **引导问题 5**：作为新时代的大学生，肩负着民族进步和国家兴旺发达的责任与使命，在掌握现有理论与技术的基础上，要努力探索，培养自己的（　　），提高创新思维，多方面思考问题，为科技的发展与改革做出自己的贡献。

A. 安全意识　　　　B. 创新意识　　　　C. 环境意识　　　　D. 服务意识

在现今汽车影音娱乐和信息显示系统中，为保证音质清晰、画面流畅，需要传输的数据量很大，对传输速率要求也很高。CAN 总线的信息传输能力在这方面显得力不从心、捉襟见肘。为满足上述要求，特别开发了光学总线系统。

1. 信号的光学传输

与电传输信号不同，光学传输是利用光来传输信号的。数字信号借助发光二极管被转换成光信号，光学传输与电传输的区别如图 5-4 所示。光信号通过光导纤维（光缆）传输到下一个控制单元。在该控制单元上，光电二极管把光信号重新转换成数字信号。

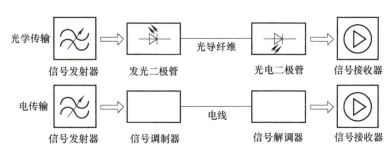

图 5-4 光学传输与电传输的区别

扫一扫

信号的光学传输特点

在光学总线中，相关部件之间的数据交换是以数字方式进行的。通过光波进行数据传输有导线少且质量小的优点，另外传输速度也快得多。与无线电波相比，光波的波长更短，因此它不会产生电磁干扰，同时对电磁干扰也不敏感。这些特点决定了其具有传输速率高、抗干扰能力强的特点。

2. 光学传输控制单元的内部结构

在光学总线中，每一个总线用户（如收音机、CD 唱机、视频导航仪等）都有一个光学传输控制单元，用于实现光学传输的信号调制、解调和控制。光学传输控制单元由内部供电装置、收发单元 - 光导发射器（FOT）、MOST- 收发机、标准微控制器（CPU）、光导插接器、电气插接器、专用部件等组成，如图 5-5 所示。

（1）光导插接器　光导插接器用于实现光导纤维与光学传输控制单元之间的连接。光信号通过光导插接器进入光学传输控制单元，或将本控制单元产生的光信号通过光导插接器、光导纤维传往下一个光学传输控制单元（总线用户）。

（2）电气插接器　电气插接器用于系统供电、系统故障自诊断以及输入输出信号的传输。

（3）内部供电装置　由电气插接器送入的电能再由内部供电装置分送到各个部件，这样就可以有选择地单独关闭控制单元内某一部件，从而降低静态电流。

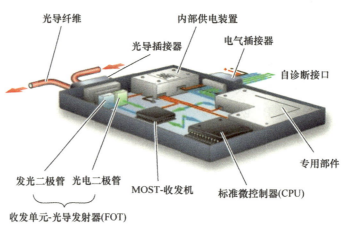

图 5-5　光学传输控制单元组成

（4）收发单元 - 光导发射器（FOT）　收发单元光导发射器由一个光电二极管和一个发光二极管构成，到达的光信号由光电二极管转换成电压信号（实现由光到电的转变）后传至 MOST- 收发机。发光二极管的作用是把来自 MOST- 收发机的电压信号再转换成光信号（实现由电信号到光信号的转变）。光学传输中使用的光波波长为 650nm，是可见红光，如图 5-6 所示。数据经光波调制后传送，调制后的光经由光导纤维传到下一个控制单元。

图 5-6　波长为 650nm 的可见红光

（5）MOST- 收发机　MOST- 收发机由发射器和接收器两个部件组成。发射器将要发送的信息作为电压信号传至光导发射器。接收器接收来自光导发射器的电压信号并将所需的数据传至控制单元内的"标准微控制器（CPU）"。其他控制单元不需要的信息由收发器来传送,而不是将数据传到 CPU 上,这些信息原封不动地发送至下一个控制单元。

(6) **标准微控制器(CPU)** 标准微控制器是控制单元的核心元件,它的内部有一个微处理器,作用为操纵控制单元的所有基本功能。

(7) **专用部件** 专用部件用于控制某些专用功能,例如 CD 播放机的选曲和收音机调谐器的控制(选择广播电台频率)等。

3. 光电二极管

光电二极管利用光电效应原理将光波信号光辐射转换成电压信号。光电二极管的结构如图 5-7 所示,光电二极管内有一个 PN 结,入射光可以照射到这个 PN 结。在 P 型层上有一个集电环(正极),N 型层与金属底板(负极)相连。

光电效应:如果入射光或红外线照射到 PN 结上,PN 结内就会产生自由电子和空穴,从而形成穿越 PN 结的电流。照射到光电二极管上的入射光越强,流过光电二极管的电流就越大,这个现象称为光电效应。

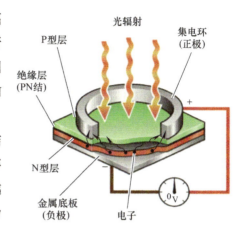

图 5-7 光电二极管的结构

在实际应用中,光电二极管一般与一个电阻串联连接。如果入射光强度很高,流过光电二极管和电阻 R 的电流就会增大,电阻 R 上的电压降也会增大,P 点呈现高电平状态。反之,如果入射光比较微弱,则流过光电二极管和电阻 R 的电流就会减小,电阻 R 上的电压降也会减小,P 点呈现低电平状态。这样利用光电效应原理,就可以将照射到光电二极管的光波信号转换成电压信号了。

4. 光导纤维

作为光波的传输介质,光导纤维(简称光纤)的作用是将在某一控制单元发射器内产生的光波传送到另一控制单元的接收器。

(1) **光导纤维的结构** 光导纤维的结构如图 5-8 所示,它由彩色包层、黑色包层、反射涂层及纤芯构成。光导纤维各部分尺寸如图 5-9 所示。

1)纤芯。纤芯是光导纤维的核心部分,是光波的传输介质,也可以称为光波导线纤芯,一般用有机玻璃或塑料制成,纤芯内的光波根据全反射原理可以进行几乎无损失地传输。当一束光波以小角度照射到折射率高的材料与折射率低的材料之间的界面时,光束就会被完全反射,这种现象称为光波的全反射。光导纤维中的纤芯是折射率高的材料,涂层是折射率低的材料,所以全反射发生在纤芯的内部。光波能否发生全反射,取决于从内部照射到界面的光波角度,如果该角度过陡,那么光波就会离开纤芯,从而造成光波传输的衰减,甚至失真。

2)反射涂层。透光的反射涂层是由氟聚合物制成的,它包在纤芯周围,对全反射起关键作用。

3)黑色包层。黑色遮光包层是由尼龙制成的,用来防止外部光源照射,避免产生干扰。

4)彩色包层。彩色包层起到识别、保护及隔热作用。

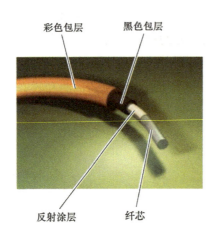

图 5-8 光导纤维的结构

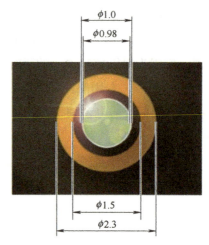

图 5-9 光导纤维各部分尺寸（单位：mm）

（2）光波在光导纤维中的传输

1）直的光导纤维。在直的光导纤维中，光纤以直线方式在内芯线中传导部分光波。大多数光波是按全反射原理在纤芯表面以 Z 字形曲线传输的，其结果是在内芯线的表面产生了全反射。

2）弯曲的光导纤维。在弯曲的光导纤维中，光波通过全反射在纤芯的涂层界面上反射，可以实现光波的正常传输，但光导纤维的曲率不宜过大。

（3）使用光导纤维时的注意事项　使用带有光导纤维的汽车线束时需要特别小心、谨慎，光导纤维与普通铜芯电线不同，光导纤维受损后一般不会立即导致故障，而是在日后使用中逐渐显现出来。为确保光导纤维的信号衰减幅度不致过大，在使用中需要特别注意以下事项：

1）曲率半径不宜过小。玻璃光导纤维的曲率半径不可小于 50mm，塑料光导纤维的曲率半径不可小于 25mm。为稳妥起见，在实际使用中，一般把光导纤维的曲率半径控制在 50mm 以上。50mm 大致与可口可乐饮料罐的直径相当。若曲率半径过小，则在曲率半径过小处光线射出，光束不能再正确反射，如图 5-10 所示。如果光束不能正确反射，轻者会影响其功能，重者会损坏光导纤维。

2）不许弯折。在使用光导纤维时，绝对不允许对其进行弯折，即使是短暂的弯折也不允许。因为这样会损坏光导纤维的纤芯和包层，光线将在弯折处产生部分散射，造成信号急剧衰减，如图 5-11 所示。

图 5-10 在曲率半径过小处光线射出，光束不能再正确反射

图 5-11 光线在弯折处产生散射，造成信号急剧衰减

3）不准挤压。任何情况下都不得挤压光导纤维，因为光导纤维横断面会由于压力作用而变形，导致信号衰减加大，如图 5-12 所示。在装配线束时无意地踩踏以及将线束捆

扎带勒得过紧，都会导致光导纤维受压变形，必须予以高度重视。

4) 严禁摩擦、磨损。与普通铜质导线不同，光导纤维的磨损不会导致短路，但磨损处会导致光线损失或外来光线射入，导致系统被干扰或完全失灵，如图 5-13 所示。因此，在车上安装、布置带有光导纤维的线束时，要特别注意避免产生摩擦、磨损，尤其是线束穿越车身孔、壁处时，尤其需要妥善处理。

图 5-12　光导纤维受压变形，导致信号衰减加大

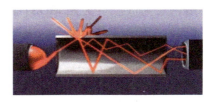

图 5-13　光导纤维磨损处光线损失，外来干扰光线射入

5) 严禁拉伸。过度的拉伸作用会使光导纤维产生"颈缩"，纤芯的横断面减小，光通量减小，影响光波的正常传输，如图 5-14 所示。因此，在布置光导纤维线束时，应留有一定的长度余量，不可使之受拉力作用。

图 5-14　拉伸作用会使光导纤维产生"颈缩"，影响光波的正常传输

6) 严禁过热。光导纤维过热一般不会立即导致故障，但在日后使用中，其性能会逐渐劣化，直至损坏。因此，在布置光导纤维线束时，应远离发动机机体散热器、空调暖风、加热器等热源。再者，如需在车上进行油漆烘干或焊接作业时，温度不允许超过 85℃。必要时，可先拆下光导纤维，再实施上述作业项目。

7) 严禁浸水。尽管光导纤维本身具有防水保护层，并不怕水，但光导纤维的铜质接头怕水。光导纤维的铜质接头一旦浸水，会导致光波传输出现故障。因此，在日常洗车以及涉水行车时均需特别注意。

8) 光导纤维端面不得有污染和损伤。光导纤维端面出现污染（有汗迹、油迹的指纹）和损伤（刮花）都会造成光波信号衰减幅度增大，甚至失灵，分别如图 5-15 和图 5-16 所示。因此，在维修光导纤维时，需要使用专用工具，以保证光导纤维端面平整、光洁。

图 5-15　端面污染，光波信号衰减幅度增大

图 5-16　端面损伤，无法正常传输光波

 情智链接

光学总线系统在车载网络中的开发与运用，弥补了 CAN 总线信息传输能力方面的不足。随着汽车电子控制技术应用越来越多，对于车载网络的安全性、可靠性、可维护性等要求也越来越高，如何满足智能化汽车对车载网络的要求，始终是我们研究的重点和

热点。作为新时代的大学生，肩负着民族进步和国家兴旺发达的责任与使命，在掌握现有理论与技术的基础上，要努力探索，培养自己的创新意识，提高创新思维，多方面思考问题，为科技的发展与改革做出自己的贡献。

▶ 引导问题6：MOST 总线的拓扑结构是（　　　）。

A. 环形　　　　　　B. 总线形　　　　　　C. 星形　　　　　　D. 树形

▶ 引导问题7：（　　　）是 MOST 总线的主要应用系统。

A. 远程汽车检测系统　　　　　　B. 多媒体娱乐系统

C. 动态驾驶控制系统　　　　　　D. 自适应巡航系统

▶ 引导问题8：MOST 总线有三种系统状态，当 MOST 总线处于_____时，MOST 总线内没有数据交换，静态电流降至最小值，系统处于待命状态，只能由系统管理器发出的光波启动脉冲来激活；当 MOST 总线系统处于_____时，无法为用户提供任何服务，但 MOST 总线系统仍在后台运行，所有的输出介质（如显示屏、收音机放大器等）都不工作或不发声；当 MOST 总线系统处于_____时，控制单元完全接通，MOST 总线上有数据交换，用户可使用影音娱乐、通信、导航等所有功能。

▶ 引导问题9：图 5-17 所示为 MOST 信息帧的结构，请写出图中数字代表的结构名称，并说明其作用。

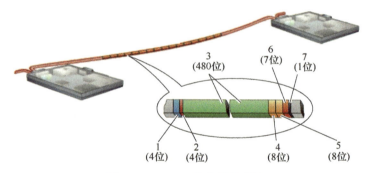

图 5-17　MOST 信息帧的结构

1：_____，作用：_____。

2：_____，作用：_____。

3：_____，作用：_____。

4：_____，作用：_____。

5：_____，作用：_____。

6：_____，作用：_____。

7：_____，作用：_____。

▶ 引导问题10：在 MOST 系统中音频和视频信息是作为_____数据传输的；导航系统的地图显示、导航计算、互联网网页和 E-mail 等图片、文本信息是作为_____数据传输的。

▶ 引导问题11：MOST 总线的知识结构较抽象，要求同学们在学习过程中，要时刻保持谨慎、认真、探究的学习精神，保持良好的_____，这也是每一位学生应该始终坚持的品质。

知识链接

目前，汽车光学总线系统主要有 DDB、MOST 和 Byteflight 三个类型。其中，DDB 技术主要运用于早期的奔驰车系的影音娱乐系统，而宝马和奥迪车系的影音娱乐系统则采用 MOST 技术。Byteflight 技术是 BMW 车系独有的，应用于宝马车系智能安全集成系统（Intelligent Safety Integrated System，ISIS）。在三类光学总线中，以 MOST 的应用最为广泛。

1. MOST 总线的结构及系统状态

MOST 总线是 Media Oriented Systems Transport 的缩写。MOST 总线可连接汽车音响系统、视频导航系统、车载电视、高保真音频放大器、车载电话、多碟 CD 播放器等模块，数据传输速率最高可达 22.5Mbit/s，且没有电磁干扰。因此，目前高端汽车上大多采用 MOST 系统连接其车载影音娱乐系统。奥迪 A8 汽车信息及娱乐多媒体系统如图 5-18 所示。

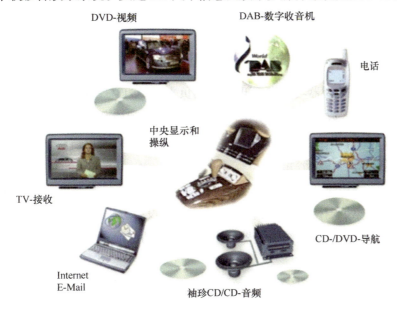

图 5-18 奥迪 A8 汽车信息及娱乐多媒体系统

（1）MOST 总线的环形拓扑结构　MOST 总线系统采用环形拓扑结构，如图 5-19 所示，控制单元通过光导纤维沿环形方向将数据发送到下一个控制单元，这个过程一直在持续进行，直至首先发出数据的控制单元又收到这些数据为止。可以通过数据总线自诊断接口和诊断 CAN 总线来对 MOST 系统进行故障诊断。

在 MOST 总线中，每个终端设备（节点、控制单元）在一个具有环形结构的网络中通过光导纤维环相互连接。音频、视频数据信息在环上循环，该信息将由每个节点（控制单元）读取和转发。当一个节点要发送数据时，该节点生成发射就绪信息，并把它改成"占用"信息，被作为接收器地址的节点复制数据，并在环形总线中继续发送。如果数据重新到达发射器，发射器就把数据从环上删除并重新生成发射就绪信息。

各个控制单元之间的连接通过一个数据只沿一个方向传输的环形总线实现。也就是说，一个控制单元拥有两根光导纤维，一根光导纤维用于发射器，一根光导纤维用于接收器，在 MOST 控制单元中进行纯粹的光导纤维连接。对于所有 MOST 插接器而言，光导纤维插接器的结构是一样的，光导纤维针脚 Pin1 始终用于输入，光导纤维针脚 Pin2 始终

扫一扫

MOST 总线
拓扑结构

用于转发，其上有箭头符号。

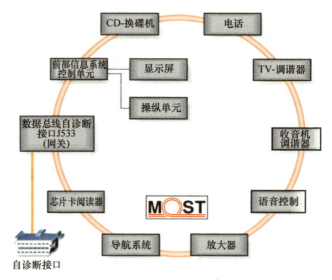

图 5-19　MOST 总线系统环形拓扑结构

MOST 总线系统管理器与诊断管理器共同负责 MOST 总线内的系统管理。在 2003 年款的奥迪 A8 汽车上，数据总线诊断接口 J533（网关）起诊断管理器的作用，前部信息系统控制单元 J523 执行系统管理器的功能。系统管理器的功能包括：控制系统状态、发送 MOST 总线信息、管理传输容量。

(2) MOST 总线系统状态

1) 休眠模式。处于休眠模式时，MOST 总线内没有数据交换，静态电流降至最小值，系统处于待命状态，只能由系统管理器发出的光波启动脉冲来激活。

进入休眠模式的条件是：

① MOST 总线系统上的所有控制单元都已准备好要切换到休眠状态。

② 其他总线系统没有通过网关提出任何要求。

③ 故障自诊断系统没有处于工作状态。

在上述的条件下，MOST 总线可通过下述方法切换到休眠状态：

① 在蓄电池放电时，由蓄电池管理器经网关切换到休眠状态。

② 通过自诊断仪器（如 VAS5051）激活"传输模式"，使 MOST 总线系统切换到休眠状态。

2) 备用模式。MOST 总线系统处于备用模式时，无法为用户提供任何服务，给人的感觉就像系统已经关闭一样。但这时 MOST 总线系统仍在后台运行，所有的输出介质（如显示屏、收音机放大器等）都不工作或不发声。备用模式在发动机起动及系统持续运行时被激活。

备用模式的激活条件如下：

① 由其他数据总线通过网关激活，如驾驶人侧车门门锁打开、车钥匙插入点火开关、点火开关 ON 档接通等。

② 由 MOST 总线上的某个控制单元来激活，如外界打入的电话等。

3) 通电工作模式。MOST 总线系统处于通电工作模式时，控制单元完全接通，MOST

总线上有数据交换，用户可使用影音娱乐、通信、导航等所有功能。

进入通电工作模式的前提条件是：

① MOST 总线处于备用状态。

② 其他数据总线通过网关激活 MOST 总线系统（如将汽车钥匙插入使用和起动授权开关内，MOST 总线被激活）。

③ 通过用户操作影音娱乐设备来激活 MOST 总线系统（如操作多媒体操纵单元 E380 的功能选择按钮）。

2. MOST 总线的数据传输

（1）信息帧　MOST 系统管理器以 44.1kHz 的脉冲频率向环形总线上的下一个控制单元发送信息帧。由于使用了固定的时间光栅和脉冲频率，MOST 系统允许传递同步数据。

扫一扫

MOST 总线数据结构

在 MOST 系统中，音频和视频信息必须以同步数据形式，用相同的时间间隔来发送。MOST 系统采用的 44.1kHz 这个固定的脉冲频率与数字式音频、视频装置（如 CD 机、DVD 机、DAB 收音机）的传输频率是相同的，可以实现整个系统的脉冲频率同步。

MOST 信息帧的结构如图 5-20 所示。在 MOST 系统中，一个信息帧的大小为 64 字节（1 字节 =8 位），可分为起始区、分界区、数据区、两个校验字节、状态区和奇偶校验区。

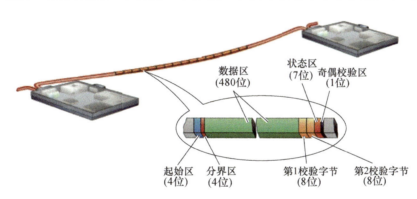

图 5-20　MOST 信息帧的结构

1）起始区。起始区表示一个信息帧的开始，每段信息帧都有自己的起始区。

2）分界区。分界区用于区分起始区和数据区。

3）数据区。MOST 总线在数据区最多可将 60 字节（480 位）的有效数据发送到控制单元。数据分为两种类型：一种是同步数据，如音频和视频信息；另一种是异步数据，如图片、用于计算的信息及文字信息等。数据区的分配如图 5-21 所示，数据区的异步数据在 0~36 字节之间，同步数据在 24~60 字节之间，同步数据的传输具有优先权。异步数据根据发射器 / 接收器的地址（标识符）和可用异步总容量，以 4 字节为一个数据包被记录并发送到接收器上。

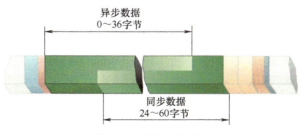

图 5-21　数据区的分配

4）校验字节。两个校验字节如图 5-22 所示，它们传送发射器 / 接收器地址（标识符）和接收器的控制指令（如放大器音量增大或音量减小）信息。

一个信息组中的校验字节在控制单元内汇成一个校验信息帧。一个信息组中有16个信息帧。校验信息帧内包含控制和诊断数据，这些数据由发射器传送到接收器，称为根据地址进行的数据传输。

这些信息包括发射器与前部信息控制单元之间的通信、接收器与音频放大器之间的通信以及控制信号（音量增大或音量减小）等。

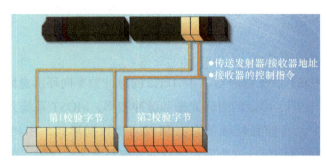

图 5-22　两个校验字节

5）状态区。信息帧的状态区包含用于给接收器发送信息帧的信息。

6）奇偶校验区。奇偶校验区用于最后检查数据的完整性，该区的内容将决定是否需要重复一次发送过程。

（2）MOST 总线的工作过程

1）系统启动（唤醒）。如果 MOST 总线处于休眠模式，那么首先必须通过唤醒过程将系统切换到备用模式。如果某一控制单元（系统管理器除外）唤醒了 MOST 总线，那么该控制单元就会向下一个控制单元发射一种专门调制的光波（称为伺服光波）。环形总线上的下一个控制单元通过在休眠模式下工作的光电二极管来接收这个伺服光波并将该光波继续下传，该过程一直进行到系统管理器为止，伺服光波传输过程如图 5-23 所示。

扫一扫

MOST 总线的组成与传输原理

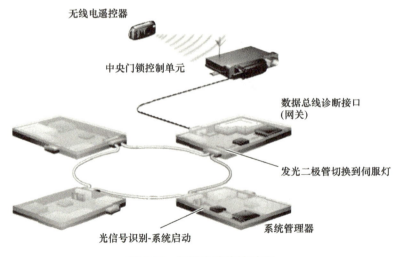

图 5-23　伺服光波传输过程

系统管理器根据传来的伺服光波来识别是否有系统启动的请求，然后系统管理器向下一个控制单元发送一种专门调制的光波（称为主光波），主光波如图 5-24 所示。这个主光波由所有的控制单元继续传输，光导发射器（FOT）接收主光波后，系统管理器就可识别出环形总线现在已经封闭（闭合），可以开始发送信息帧了。

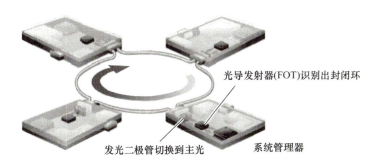

图 5-24　主光波

首批信息帧要求 MOST 总线上的控制单元提供标识符。系统管理器根据标识符向环形总线上的所有控制单元发送实时顺序（实际配置），于是就可以进行根据地址的数据传输了。诊断管理器将报告上来的控制单元（实际配置的控制单元）与控制单元存储表（规定配置）进行对比、确认。如果实际配置与规定配置不相符，诊断管理器就会存储相应的故障。这时唤醒过程就结束了，可以开始数据传输了，如图 5-25 所示。

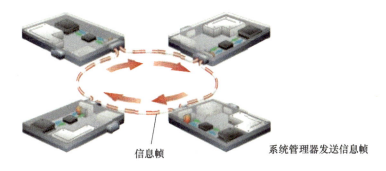

图 5-25　唤醒过程结束（开始数据传输）

2）同步数据的传输。在 MOST 系统中音频和视频信息是作为同步数据传输的。为便于理解，下面以奥迪 A8-2003 年款汽车播放音乐 CD 为例来进行说明，同步数据（音频、视频信息）传输过程图 5-26 所示。

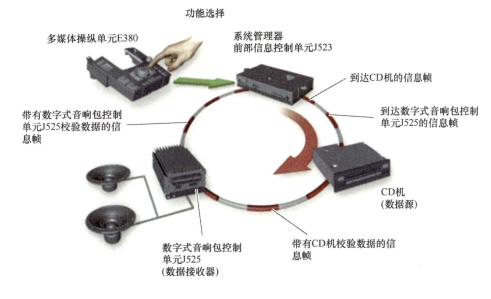

图 5-26　同步数据（音频、视频信息）传输过程

首先，用户通过多媒体操纵单元 E380 和信息显示单元 J685 来选择 CD 上的曲目。操纵单元 E380 通过一根数据导线将控制信号传给前部信息控制单元 J523（系统管理器），然后系统管理器在不断发送的信息帧内加入一个带有 CD 机校验数据的信息组（16 帧）。同步传输的数据管理如图 5-27 所示。

CD 机上的数据先被保存在数据区，直至信息帧经环形总线又到达 CD 机（数据源）为止。这时这些数据就

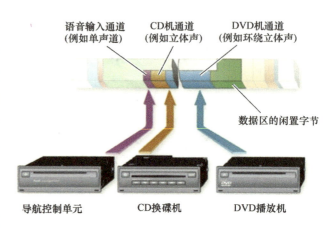

图 5-27　同步传输的数据管理

被新的数据所取代，该循环又重新开始。这样可使得 MOST 总线上的所有输出装置（音响包、耳机）都可使用同步数据。系统管理器通过发送相应的校验数据来确定哪个装置使用数据。音频和视频信息的传输需使用每个数据区的数个字节。数据源会根据信号类型预定一些字节，这些已被预定的字节就称为通道（信道）。一个通道包含一个字节的数据。通过这种预定通道的方式，多个数据源的同步数据就可以同时传输。

3）异步数据的传输。在 MOST 系统中，导航系统的地图显示、导航计算、互联网网页和 E-Mail 等图片、文本信息是作为异步数据传输的，如图 5-28 所示。异步数据源是以不规则的时间间隔来发送这些数据的。为此，每个数据源将其异步数据存储到缓冲寄存器内，然后数据源开始等待，直至收到带有接收器地址的信息组。

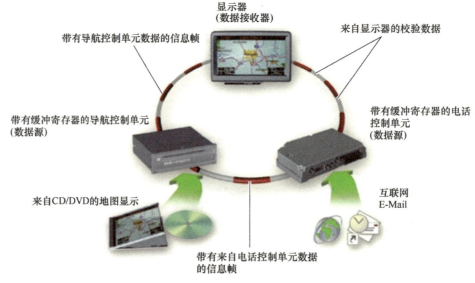

图 5-28　异步数据传输

数据源将数据记录到该信息组数据区的空闲字节内。记录是以每 4 个字节为一个数据包的形式进行的。接收器读取数据区中的数据包并处理这些信息。异步数据停留在数据区，直至信息组又到达数据源。数据源从数据区提取数据，在适当的时候用新数据取代这些数据。

 **情智链接**

MOST 总线的知识结构较抽象，要求同学们在学习过程中，要时刻保持谨慎、认真、探究的学习精神，保持良好的学习态度，这也是每一位学生应该始终坚持的品质。有了良好的学习态度，我们才能既不妄自菲薄，又不目中无人。学习能使我们谦虚、自信。

（二）任务计划与实施

➢ 引导问题 1：当 MOST 总线数据传输中断，即发生＿＿＿＿＿＿故障时，音频和视频播放会终止，通过多媒体操纵单元无法控制和调节影音娱乐系统。同时，诊断管理器的故障存储器中存有故障信息"光纤数据总线断路"。

➢ 引导问题 2：可能导致 MOST 总线系统出现环路断开故障的原因有哪些？（至少列举三种）

_____
_____
_____。

➢ 引导问题 3：请简要叙述环路断开故障的诊断流程。

_____
_____
_____。

➢ 引导问题 4：请简要叙述信号衰减幅度增大故障的诊断流程。

_____
_____
_____。

小提示

1. 注意故障诊断思维模式的养成。
2. 在日常工作过程中应正确选用并使用工具，按照维修手册要求进行诊断与维修，养成严肃认真、精益求精的工作态度。

任务技能点 1：MOST 总线常见故障类型及故障诊断与检修方法

1. 准备工作

防护：工作服、安全鞋、手套

设备及零部件：奥迪 A8 实训车、维修工作台

准备工作

工具：专用诊断仪、诊断导线、光学备用控制单元 VAS6186

辅料：奥迪 A8 维修手册、无纺布、车内外防护套装

2. 故障诊断方法说明

（1）**诊断管理器** 除系统管理器外，MOST 总线还有一个诊断管理器，如图 5-29 所示。诊断管理器执行环路断开诊断，并将 MOST 总线上的控制单元诊断数据传给诊断控制单元。在奥迪 A8 2003 年款汽车上，数据总线诊断接口 J533 就是执行自诊断功能的。

图 5-29　诊断管理器

（2）**环路断开诊断** 如果在数据传输过程中，MOST 总线诊断管理器上的某一位置处发生数据传输中断，就无法完成正常的数据传输任务。由于 MOST 总线是环形结构，因此将这种数据传输中断称为环路断开，即总线断路。发生环路断开后，音频和视频播放会终止，通过多媒体操纵单元无法控制和调节影音娱乐系统。同时，诊断管理器的故障存储器中存有故障信息"光纤数据总线断路"。

光导纤维断路、发射器或接收器控制单元的供电电路故障以及发射器或接收器控制单元本身损坏等原因均可能导致 MOST 总线系统出现环路断开。要想确定出现环路断开的具体位置，就必须进行环路断开诊断。环路断开诊断是管理器执行元件诊断内容的一部分。

环路断开诊断流程如图 5-30 所示。

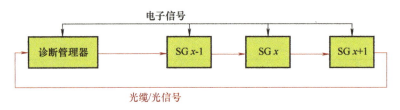

图 5-30　环路断开诊断流程

1）诊断管理器通过诊断导线发送电子脉冲到所有的 SG，它使用诊断导线通过中央导线插接器与 MOST 总线上的各个控制单元相连，如图 5-31 所示。环路断开诊断开始后，诊断管理器通过诊断导线向各控制单元发送一个询问脉冲。

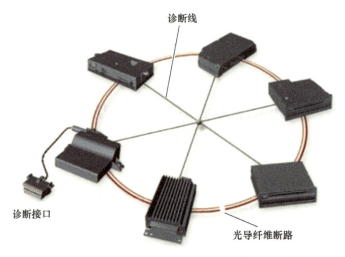

图 5-31　诊断导线与 MOST 总线上各个控制单元相连

2）SG x 以环形方式发送光脉冲到邻近控制单元 SG x+1，自查并接收 SG x-1 的光信号。这个询问脉冲使得所有控制单元用光导发射器（FOT）内的发射单元发出光波信号。

在此过程中，所有控制单元检查自身的供电及其内部的电控功能是否正常，同时，接收环形总线上的前一个控制单元发出的光波信号。

3）SG x 根据给定的时间将其回应作为电子信号发送到诊断管理器。MOST 总线上的各个控制单元会在一定时间内对诊断管理器发出的信号做出应答，其应答时间的长短取决于控制单元的软件。从环路断开诊断开始，到控制单元做出应答有一段时间间隔，诊断管理器根据这段时间的长短就可判断出哪一个控制单元已经做出了应答。

应答的内容包含两种信息：

① 控制单元电气方面是否正常——本控制单元电气功能是否正常（如电源供电是否正常）。

② 控制单元光学方面是否正常——本控制单元的光电二极管是否能够接收环形总线上位于其前面的控制单元发出的光波信号。

4）诊断管理器识别 SG x 的回应并且查明 SG x 的状态。如图 5-32 所示，诊断管理器通过应答信息就可识别出：

① MOST 总线系统是否有电气故障（供电故障），以及是哪个控制单元出现了电气故障。

② MOST 总线系统中哪两个控制单元之间的数据传输中断了，即判断是哪两个控制单元之间的光导纤维发生了断路。

这样，就可以准确地判断出环路断开的具体故障性质和故障位置，给 MOST 总线系统的诊断和维修带来极大的方便。

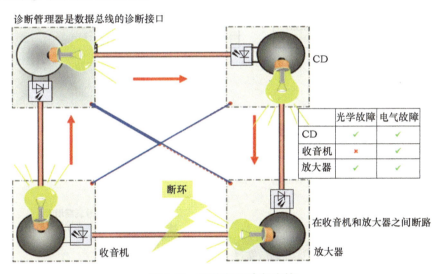

图 5-32 环路断开诊断应答

5）故障的确认。诊断管理器给出的诊断信息有助于判断故障的性质和故障位置，但要最终确认故障并实施维修，还需要按如下要求审慎处理：

① 根据检测结果，先检测可疑控制单元的供电情况是否正常、搭铁情况是否正常。

② 如果可疑控制单元的供电情况、搭铁情况均正常，再检查光导纤维插接器是否有歪斜、松动，确保光导纤维插接器连接正常。

③ 检查光导纤维是否出现断路情况，如光导纤维被压坏、破损、断裂等。

④ 最后再判断控制单元是否存在故障。可利用光学备用控制单元 VAS6186 来替换可疑控制单元，VAS6186 如图 5-33 所示。然后观察 MOST 系统是否恢复正常。若替换后，系统恢复正常，则可确认故障确系可疑控制单元损坏所致，用光学备用控制单元 VAS6186

进行检测的方法如图 5-34 所示。

（3）信号衰减幅度增大诊断　MOST 系统环路断开诊断只能用于判定数据传输是否中断，诊断管理器还有信号衰减幅度增大的诊断功能，如图 5-35 所示，即通过监测 MOST 系统传输光波功率的降低来判断光学系统在信号传输过程中是否存在信号衰减幅度过大的故障。信号衰减幅度过大的诊断与环路断开诊断的方法和过程是类似的，也要使用诊断管理器和诊断导线。其判别标准是：如果控制单元接收的光波功率较前一个控制单元发出的光波功率有 3dB 及 3dB 以上的衰减，则接收器就会向诊断管理器报告发生了"光学故障"。据此，诊断管理器就可识别出故障点，并且在用检测仪查寻故障时会给出相应的帮助信息。

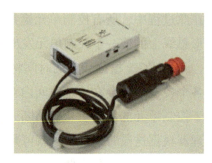

图 5-33　VAS6186

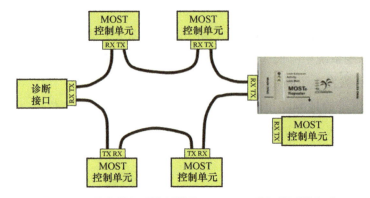

图 5-34　用光学备用控制单元 VAS6186 进行检测的方法

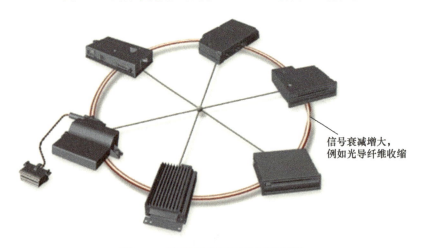

图 5-35　信号衰减幅度增大的诊断

3. 注意事项

1）在分析 MOST 总线常见故障类型时，应注重正确的故障诊断思路的培养。

2）诊断管理器给出的诊断信息有助于判断故障的性质和故障位置，但要最终确认故障并实施维修，还需要审慎处理。

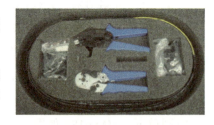

图 5-36　光导纤维维修包（VAS6223 组合套件）

➢ **引导问题 5**：对照图 5-36，说说光导纤维维修包里有哪些专用工具？并简述其功能。

_____

_____。

➤ **引导问题 6**：请简要叙述光导纤维的维修流程。

_____

_____

_____

_____

_____。

➤ **引导问题 7**：光导纤维的维修注意事项有哪些？

_____

_____

_____

_____。

小提示

1. 将光导纤维装入车内时不可有物体压到光导纤维包层。
2. 光导纤维端面上不可脏污，如有液体（水、油）、灰尘等。只有在插接和检测时才可小心地取下保护盖。
3. 在车内铺设光导纤维时不可打结，更换光导纤维时注意其正确的长度。

任务技能点 2： 光导纤维的维修

1. 准备工作

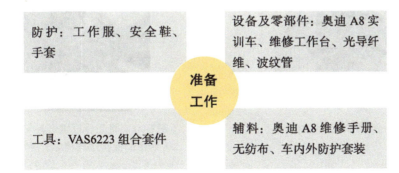

扫一扫

光导纤维的
维修实际
操作

2. 维修方法说明

当确认光导纤维是光学传输系统的故障根源之后，就需要对光导纤维进行维修。首先将损坏的光导纤维从车上拆下来，再将备用的维修用光导纤维装上去。更换维修用光导纤维时，要视所需长度对光导纤维进行剪切并制作光导纤维插接器，而且在车上铺装光导纤维时，应该采取特别的防护措施，采用硬度适宜的波纹管包扎光导纤维，既可以为光导纤维提供外力作用的保护，又可以有效防止光导纤维被过度弯折。

(1) 维修光导纤维的专用工具　光导纤维的维修需要使用专用工具——VAS6223 组合套件，也称光导纤维维修包，如图 5-37 所示。VAS6223 组合套件中有两个专门用于光导纤维维修的钳子：剪切钳（用于光导纤维的剪切，如图 5-38 所示）、压接钳（用于光导纤维铜质接头的压接，如图 5-39 所示）。

图 5-37　VAS6223 组合套件

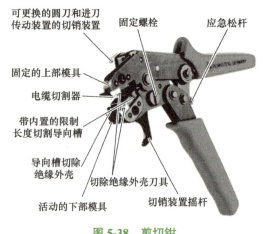

图 5-38　剪切钳

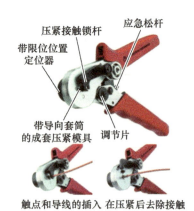

图 5-39　压接钳

(2) 光导纤维的维修

1) 视长度需要将光导纤维粗略地剪开。如图 5-40 所示，使用 VAS6223 的剪切钳将光导纤维粗略地剪开。注意：要使用侧剪功能，且动作要慢、稳，以免折断纤芯。

2) 将光导纤维嵌入 VAS6223 的剪切钳的保护层导槽中，并将钳口闭合，如图 5-41 所示。注意：要使保护层导槽与光导纤维方向对正，此时的光导纤维绝对不允许弯曲或夹紧。

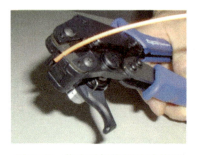

图 5-40　将光导纤维粗略地剪开

图 5-41　将光导纤维嵌入 VAS6223 的剪切钳的保护层导槽中，并将钳口闭合

3) 对光导纤维实施精剪切，如图 5-42 所示，用 VAS6223 的剪切钳的剪刀轮对光导纤维实施精剪切，剪切彩色包层（橘红色包层），以确保剪切后的光导纤维截面平滑、无损伤，如图 5-43 所示。注意：不要剪得太快，以免造成损伤。

4) 将光导纤维铜质接头嵌入 VAS6223 的压接钳中，如图 5-44 所示。注意：铜质接头不要歪斜。

5) 用 VAS6223 的压接钳的压紧接触锁杆将铜质接头锁住。如图 5-45 所示。

图 5-42　对光导纤维实施精剪切

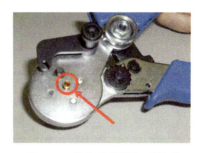

图 5-43　剪切后的光导纤维　　　　　图 5-44　将光导纤维铜质接头
截面平滑、无损伤　　　　　　　　嵌入 VAS6223 的压接钳中

6）将已经去除保护层的光导纤维插入铜质接头的内孔，直至可以感觉到轻微的阻力，如图 5-46 所示。

图 5-45　用 VAS6223 压接钳的压紧　　　图 5-46　将已经去除保护层的光导
接触锁杆将铜质接头锁住　　　　　　纤维插入铜质接头的内孔

7）施力进行压接，如图 5-47 所示。确认光导纤维与铜质接头接触良好、对正后，施力进行压接。

8）检查光导纤维与铜质接头的接合情况，如图 5-48 所示。要求纤芯端面与铜质接头端面之间的间隙值为 0.01~0.1mm，将光导纤维与铜质接头拉开的力不小于 60N（确保接合可靠），光波信号在该接头处的衰减常数不得大于 0.3dB。如果上述要求有一项不合格，则说明此次接头制作失败，须重新制作。

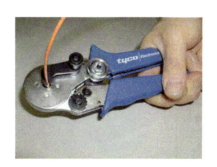

图 5-47　施力进行压接

3. 注意事项

不允许用下述方法维护光导纤维及其构件：

1）热处理之类的维修方法，如钎焊、热粘接及焊接。

2)化学及机械方法,如粘贴、平接、对接。

3)将两条光导纤维绞合在一起,或者将一根光导纤维与一根铜质电线绞合在一起。

4)包层上打孔、切割、压缩变形等。

(三)任务评价反馈

1. 小组自评表(表 5-1)能够让小组成员对各自的信息检索能力、任务认知程度、参与状态、学习方法和工作过程等方面进行评价,从记忆、领会、应用、分析、反馈全方位评估自己对知识的学习及掌握情况。

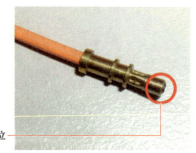

图 5-48 检查光导纤维与铜质接头的接合情况

表 5-1 活动过程评价小组自评表

班级		组名		日期	
评价指标	评价要素			分值	分值评定
信息检索	能有效利用网络资源、工作手册查找有效信息;能用自己的语言有条理地去理解、表述所学知识;能将查找到的信息有效转换到工作中			10	
任务认知	能熟悉各自的工作岗位,认同工作价值;在工作中,能获得满足感			10	
参与状态	与教师、同学之间能相互尊重、理解、平等;与教师、同学之间能够保持多向、丰富、适宜的信息交流			10	
	探究学习、自主学习不流于形式,处理好合作学习和独立思考的关系,做到有效学习;能够提出有意义的问题或能发表个人见解;能按要求正确操作;能够倾听、协助、分享			10	
学习方法	工作计划、操作技能符合规范要求;能获得进一步发展的能力			10	
工作过程	遵守管理规程,操作过程符合现场管理要求;平时上课的出勤情况和每次完成学习任务情况良好;善于多角度思考问题,能主动发现、提出有价值的问题			15	
思维状态	能发现问题、提出问题、分析问题、解决问题			10	
自评反馈	按时按质完成学习任务;较好地掌握专业知识点;具有较强的信息分析能力和理解能力;具有较为全面严谨的思维能力并能条理清晰地表述成文			25	
自评分值				100	
有益的经验和做法					
总结反思建议					

2. 小组互评表（表5-2）能够让小组成员从信息检索能力、任务认知程度、参与状态、学习方面和工作过程等方面对其他小组进行评价，通过互相评价环节，小组成员能学习其他小组的长处，弥补自己小组的不足。

表 5-2 活动过程评价小组互评表

班级		被评组名		日期	
评价指标	评价要素			分值	分值评定
信息检索	该组成员能有效利用网络资源、工作手册查找有效信息			5	
	该组成员能用自己的语言有条理地去理解、表述所学知识			5	
	该组成员能将查找到的信息有效转换到工作中			5	
任务认知	该组成员能熟悉各自的工作岗位，认同工作价值			5	
	该组成员在工作中，能获得满足感			5	
参与状态	该组成员与教师、同学之间能相互尊重、理解、平等			5	
	该组成员与教师、同学之间能够保持多向、丰富、适宜的信息交流			5	
	该组成员能处理好合作学习和独立思考的关系，做到有效学习			5	
	该组成员能提出有意义的问题或能发表个人见解，按要求正确操作，能够倾听、协助、分享			5	
	该组成员能积极参与学习任务，并在过程中提高综合运用信息技术的能力			5	
学习方法	该组工作计划、操作技能符合规范要求			5	
	该组成员能获得进一步发展的能力			5	
工作过程	该组成员能遵守管理规程，操作过程符合现场管理要求			5	
	该组成员平时上课的出勤情况和每次完成学习任务情况良好			10	
	该组成员善于多角度思考问题，能主动发现、提出有价值的问题			5	
思维状态	该组成员能发现问题、提出问题、分析问题、解决问题			10	
自评反馈	该组成员能严肃认真地对待自评，并能独立完成自测试题			10	
互评分值				100	
简要评述					

3. 教师评价表（表5-3）的内容主要包括对小组出勤状况的记录，以及对学生理想信念、道德品质、信息检索、任务认知、参与状态、学习方法、工作过程、思维状态等方面的评定，能够帮助学生更好地理解学习任务，促进对任务知识点、技能点的消化和吸收。

表 5-3 教师评价表

班级		组名		姓名	
出勤情况					
评价指标	评定要素			分值	分值评定
理想信念	有坚定的理想信念，热爱祖国			5	
	坚持正确的政治方向，积极向上			5	
	坚持社会主义核心价值观			5	
	在实操过程中体现劳动精神、工匠精神			5	
	具备良好的职业道德和环保意识			5	
道德品质	遵守公共场所的管理规定，自觉维护公共秩序和社会公德			5	
	在公共场所举止文雅，文明礼貌			5	
	爱护公物，保护公共设施			5	
	积极参加社会公益活动			5	
信息检索	能够顺利完成教师安排的任务，快速找到有效信息，并转化到工作中去			5	
任务认知	能够读懂文字的表达内容			5	
	能够满足岗位工作要求，掌握工作流程，熟悉注意事项			5	
参与状态	与教师、同学之间相互尊重、理解			4	
	能够做到独立思考、表达自己想法			4	
	能够按照要求正确操作，能够倾听对方表达的内容，乐于分享			4	
学习方法	能够根据工作内容的紧急情况合理制订计划			4	
	能够按要求完成工作计划，且操作符合规范			4	
工作过程	操作符合安全规定			5	
	操作符合流程规范			5	
	能协助他人完成工作			5	
思维状态	工作过程思维清晰，对工作结果能够正确预判，对其他相关工作有帮助			5	
	师评分值			100	
综合评价					

三、任务拓展信息

光学总线系统——Byteflight总线系统

1. Byteflight 的功能与发展

Byteflight 系统是由 BMW 公司与 Motorola 公司、Elmos 公司、Infineon 公司合作开发

的，主要用于传输时间上要求特别紧迫的安全气囊系统数据。Byteflight系统的数据传输速率为10Mbit/s，可以满足对数据传输的实时性要求非常高的汽车安全气囊系统的要求，且可在强电磁干扰条件下可靠地传输数据。

Byteflight在智能安全集成系统（ISIS）和高级安全电子设备（ASE）中使用，这两个安全系统负责控制安全气囊、安全带拉紧装置和断开安全蓄电池接线柱。其首次安装在BMW的E65、E66、E67车型上，用于安全气囊系统的数据传输。此后，又安装于E85、E60、E61、E63和E64车型上。

2. Byteflight总线的拓扑结构

BMW车辆使用Byteflight将控制单元联网。这些控制单元用于控制安全气囊系统、乘员保护系统和安全蓄电池接线柱。数据传输介质是光导纤维，光导纤维通过光波脉冲传输数据。控制单元联网时仅需要一根光导纤维，且可朝两个方向双向传输数据。控制单元以时间和事件触发（控制）方式进行通信，既能以同步方式传输数据，也能以异步方式传输数据。

Byteflight系统采用星形拓扑结构，如图5-49所示。星形拓扑结构的特点是一主多副，即系统有一个主控单元和多个副控单元（也称从属控制单元）。副控单元（从属控制单元）通过一根单独的导线（光导纤维）连接到主控单元（上级控制单元）上。

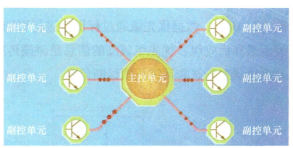

图5-49 Byteflight系统星形拓扑结构

主控单元接收各个副控单元发送的数据，随即又将这些数据重新发送给所有副控单元，设有地址代码的副控单元接收这些数据。由于主控单元不具有访问控制功能，而仅承担纯粹的分配功能，因此各控制单元必须通过一个协议进行通信。该协议规定了哪个控制单元何时可以发送数据。

星形拓扑结构的优点是易于联网、易于扩展，且具有较高的抗干扰能力。同时，即使某个副控单元失效，系统也能正常工作。但其缺点也是显而易见的，即布线成本较高、主控单元有故障或过载时会造成整个网络崩溃。

在Byteflight网络的每个控制单元内都通过发送和接收模块将电信号转变为光信号。在早期的BMW车型中，安全和信息模块（SIM）是Byteflight的主控单元，而在新款BMW车型中，安全和网关模块（SGM）是Byteflight的主控单元。

3. Byteflight总线的数据结构及传输

Byteflight有多个集成了碰撞传感器的控制单元安装在车辆内的关键位置处。因为这些控制单元在星形拓扑结构的Byteflight系统中是环绕主控单元存在的，类似于卫星环绕于行星，故BMW称这些集成了碰撞传感器的控制单元为卫星式控制单元。它们通过总线系统与SIM或SGM连接。系统不断查询所有碰撞传感器信息，并将数据分配给所有卫星式控制单元。

同CAN总线一样，数据也通过数据电码传输，除数据字节的数量外，数据电码结构完全相同。Byteflight可传输最长为12个字节的数据。Byteflight系统数据电码结构如

图 5-50 所示。

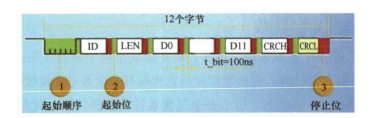

图 5-50　Byteflight 系统数据电码结构

ID—标识符（决定电码的优先级和数据内容）　LEN—长度（包括数据字节的数量）
D0—数据字节 0（起始数据字节）　D11—数据字节 11（最大的结束数据字节）
CRCH—高位循环冗余码校验　CRCL—低位循环冗余码校验　t_bit—1 位时间

Byteflight 结合了同步数据传输和异步数据传输的优点，因此能够确保重要信息的快速访问时间和次要信息的灵活使用。SIM 或 SGM 发出一个同步脉冲，其他控制单元必须遵守该脉冲。

Byteflight 数据电码分为优先级较高的电码和优先级较低的电码两类，电码优先级如图 5-51 所示。数据优先级通过标识符进行识别，标识符允许范围位于 1~255 之间，其中 1 表示最高优先级。优先级较高的信息是碰撞传感器发来的数据，而优先级较低的信息一般是系统状态信息和系统故障诊断信息。

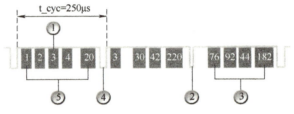

图 5-51　电码优先级

1—标识符（决定电码优先级）　2—报警同步脉冲（报警状态下的同步脉冲）
3—低优先级信息（优先级较低的电码）　4—正常同步脉冲（正常状态下的同步脉冲）
5—高优先级信息（优先级较高的电码）　t_cyc—循环时间（一个同步脉冲的循环时间）

参 考 文 献

[1] 于万海. 车载网络系统原理与检修 [M]. 3版. 北京：电子工业出版社，2018.
[2] 廖向阳. 车载网络系统检修 [M]. 3版. 北京：人民交通出版社，2014.
[3] 吴东海. 汽车车载网络控制技术 [M]. 2版. 北京：机械工业出版社，2019.